开心一点

人生哪有那么多焦虑的事

李世强 著

北方文藝出版社

图书在版编目（CIP）数据

开心一点，人生哪有那么多焦虑的事 / 李世强著
. -- 哈尔滨 : 北方文艺出版社, 2024.4
ISBN 978-7-5317-6188-4

Ⅰ. ①开… Ⅱ. ①李… Ⅲ. ①焦虑—心理调节—通俗读物 Ⅳ. ①B842.6-49

中国国家版本馆CIP数据核字（2024）第076084号

开心一点，人生哪有那么多焦虑的事
KAIXIN YIDIAN,RENSHENG NAYOU NAMEDUO JIAOLÜ DE SHI

作　者 / 李世强
责任编辑 / 邢　也
封面设计 / 楼凤英
监　制 / 黄海香
产品策划 / 朱　敬
封面插画 / 杨思雨

出版发行 / 北方文艺出版社
发行电话 / (0451) 86825533
地　址 / 哈尔滨市南岗区宣庆小区1号楼
印　刷 / 湖南锦泰数字印刷有限公司
字　数 / 170千
版　次 / 2024年4月第1版
书　号 / ISBN 978-7-5317-6188-4
邮　编 / 150008
经　销 / 新华书店
网　址 / www.bfwy.com
开　本 / 880mm×1230mm　1/32
印　张 / 7.5
印　次 / 2024年4月第1次印刷
定　价 / 49.80元

前言

“我晚上总是睡不着，好多烦心的事搞得我彻夜难眠，我总想把这些忘记，却总是无法忘掉。第二天起床，头总是昏昏的，一天都觉得在混沌之中。这样周而复始，我都感觉自己快被折磨疯了。”

“最近总觉得身体不舒服，上网一查我的症状，好像是得了绝症，我该怎么办？我是不是快要不行了？”

“我对自己失望透顶。都说三十而立，而我已经三十好几，还一事无成。房子没有，晋升的机会看不到，老婆也没找到。同学和朋友们，都已经事业有成，家庭美满。我的人生是不是很失败？”

这样的话题，是否很熟悉？在我们的身边，总会听到上述的话题，或者自己有过这样的疑问吧？高速发展的社会，带给了人们便捷的同时，也把更多的焦虑带到了人们的生活当中。记得木心的诗《从前慢》中写道：“从前的日色变得慢，车、马、邮件都慢，一生只够爱一个人。从前的锁也好看，钥匙精美有样子。你锁了，人家就懂了。”多么美的诗词，看得人心潮澎湃，无比向往。人们对这样慢生活的向往，也从另一个方面说明，如今快节奏的社会所带给人们的焦虑情绪日益加剧。

少年儿童、青年人、中年人、老年人，每一个年龄层的人现在都或多或少会有焦虑的情绪，会因为某些事情而导致内心无比煎熬。焦虑，现在已经是一个普遍的问题了，只是每个人的焦虑程度不一样而已。

很多人深受焦虑症等心理问题困扰，通常想摆脱焦虑，却不知道如何去做。其实，方法很简单，只要你明白焦虑产生的原因，又懂得换一个角度去看问题，很多的焦虑问题会迎刃而解。例如，很多人预测自己的未来，往往会产生消极态度，常常把很小的事情想象成很大的灾难，加之对自己缺乏自信，焦虑的情绪就不可避免地产生了。倘若你能够成为自己的心理医生，能够“对症下药”，懂得换个角度看，未来并非像你想象的那样可怕。比如你总是感觉未来会有磨难，且不说如果你一猜即中，买彩票岂不是每次都能中大奖？退一步讲，即便预测很准，未来会遇到困难或想象不到的挫折，但也未必就是坏事啊！任何一个伟人，哪一个不是在一次次跌倒之后，总结之前的经验教训，然后坚强地爬起来，最终站上人生的巅峰？若是人生没有遇到任何挫折，没有经历过任何困难，将来的任何一次小小的失败，都会打垮你。困难和挫折何尝不是一种财富呢？你这样思考时，焦虑的心情也就自然消失无踪了。

本书从多个方面为读者详细讲解各种焦虑产生的原因，通过深入浅出的剖析，让读者更容易理解化解焦虑的方法。同时，贴近现实的案例，也更容易把读者带入到情景之中，让读者成为自己的心理医生，化解焦虑的情绪。让我们活得开心一点，想开一点。从某种意义上说，人生哪有那么多焦虑的事，都是想不开而已。

相信本书能够为读者提供有益的帮助，最后也衷心祝愿每一位读者都能够远离焦虑，内心充满阳光，过上自己想要的幸福生活。

目录

第一章 你在焦虑什么，什么就是阻碍你提升的绊脚石 /1

◎ 焦虑并不可怕，接受它，迎接更强大的自己 /2

◎ 一当众说话、演讲就紧张，怎么克服 /5

◎ 手机焦虑症，不要成为手机的奴隶 /10

◎ 单身者的焦虑，对的那个人在哪里 /15

◎ 不要提前预支焦虑，因为很多事都不会发生 /19

◎ 培养钝感力，杀死敏感型焦虑 /24

◎ 同学聚会时，你在害怕什么 /27

◎ 你感到焦虑，很大程度上是因为你太累了 /31

第二章 换个角度看问题，轻易化解内心焦虑 /35

◎ 当你为错过太阳而哭啼的时候，也将错过流星 /36

◎ 不要只盯着自己缺少的，多看看自己拥有的 /40

◎ 真正的成功，会在放下执着后自然而然地到来 /43

◎ 失去的东西，其实从未真正属于你 /47

◎ 人就这一辈子，何不让自己活得开心一点 /52

◎ 无论贫穷富贵，让自己学会享受生活 /56

◎ 你是世界上独一无二的，要有打破流俗的勇气 /60

◎ 人生一世，升沉不过一秋风，何必太执着 /64

第三章 安全感是宁静的港湾，让焦虑随风飘散 /68

◎ 每个人的内心，都有焦虑的种子 /69

◎ 能给你安全感的不是男人，而是你自己 /73

◎ 你越是担心什么，就越会遇到什么 /77

◎ 生气，是拿别人的错误惩罚自己 /81

◎ 真正打倒你的从来不是各种磨难，而是你内在的底气 /85

◎ 将“不可能”的消极心理彻底抛掉 /88

◎ 让热情成为你人际开挂的催化剂 /93

第四章 不要提前焦虑，生活就是见招拆招 /97

◎ 张口闭口说“烦”的人，永远没有好运气 /98

◎ 控制坏情绪，装出自己的好心情 /101

◎ 从容的心态，是战胜焦虑的根本 /104

◎ 心态决定是否幸福：一念天堂，一念地狱 /108

◎ 女人有生理周期，男人有心理周期 /111

◎ 找到合适渠道，把焦虑发泄出去 /116

◎ 哭泣，是对情绪最好的宣泄 /121

◎ 感到孤独或焦虑时，家人是你最坚强的后盾 /125

◎ 幽默是对抗生活中苦难的最佳武器 /130

◎ 如果可以，去找个心理咨询师成为朋友 /135

第五章 你走路的姿态好不好看不重要，走出去才重要 /139

◎不要让成功毁在拖延上，想好就立即行动 /140

◎不要让拖延的巨石形成巨大的压力 /144

◎一个人感到沮丧和焦虑并不可怕，可怕的是长久走不出来 /149

◎行动，只有行动，才能决定价值 /153

◎不要让拖延加快职场“更年期”的到来 /156

◎每一个拖延症患者，都是自我安慰的高手 /160

◎人生短暂，拖延就是对宝贵生命的浪费 /165

第六章 缺陷也是一种美，那是光照进来的地方 /169

◎不完美焦虑症，让自己的价值感降低 /170

◎世间没有真正完美的事，不完美才是人生 /173

◎我在寻找一个最完美的女人，我要娶她为妻 /177

◎没有完成，哪里会有完美 /180

◎爱情可以有理想，但更要接受现实的不完满 /183

◎对丈夫无关痛痒的“黑点”，可以选择接纳或忽略 /186

第七章 直面你虚荣的面具下的真实，才是最好的释然 /190

◎不要因面子，使生活背上沉重的枷锁 /191

◎盲目追逐别人，逐渐迷失自我 /195

◎过度的虚荣心，源自过度的自尊心 /199

◎ 过度的欲望，会让人迷失方向 /204
◎ 知足常乐，遏制非分之想 /208
◎ 人生并不复杂，我们可以活得简单点 /212

第八章 在梦想的路上你自带光芒，何惧前路的黑暗 /215

◎ 焦虑感，来自没有梦想的人生 /216
◎ 我们唯有努力奔跑，才能与人生中最美的际遇相逢 /219
◎ 幻想≠梦想，两者有本质区别 /222
◎ 当梦想照进现实，心里阴霾就会随风飘散 /225
◎ 以实现更高梦想为起点，再次出发 /229

第一章

你在焦虑什么，
什么就是阻碍你提升的绊脚石

世间总有一些事，
是我们永远无法解释也无法说清的，
我们必须接受自己的渺小
和自己的无能为力。

生活总是让我们遍体鳞伤，
但到后来，那些受伤的地方定会变成我们
最强壮的地方。

每个人或多或少都存在焦虑情绪。焦虑使人彻夜难眠，使人心情烦躁，让情绪永远处于崩溃的边缘。要想化解焦虑，就需要先找到焦虑的原因。当知道了为何而焦虑时，就可以“对症下药”，从根本上化解焦虑，恢复原本幸福快乐的生活。

焦虑并不可怕，接受它，迎接更强大的自己

别碰到一点压力，就把自己变成不堪重负的样子！每个人这辈子该走的弯路，该吃的苦，该撞的南墙，该掉的陷阱，一个都少不了！

用法国哲学家让－保罗·萨特的话来深入理解："人是注定要自由的，但这自由却令人眩晕。"焦虑，就像是面对无边无际的自由选择时的眩晕，我们害怕做出错误的选择，害怕未来的不确定性。但正如萨特所言，这种眩晕也是自由的一部分，是我们作为人必须面对的现实。

焦虑是一种普遍的情绪体验，它涉及对未来的担忧和对不确定性的恐惧。产生焦虑的原因多种多样，包括生物学因素、环境压力、个人经历和心理状态等。例如，遗传因素可能使某些人更容易感到焦虑，而日常生活中的压力，如工作、学业或人际关系的挑战，也可能导致焦虑情绪的增加。

李明是一位忙碌的城市白领，每天沉浸在繁重的工作中，经常加班到深夜。他的生活节奏快速而紧张，随着工作压力的不断增加，李明开始感到焦虑和不安。

李明的焦虑始于一次重要的项目汇报。他担心自己的方案不够完善，害怕无法满足领导的期望。汇报的前一天晚上，他几乎整夜未眠，脑海中充满了各种负面的想法。从那以后，焦虑就像一道阴影，始终伴随着他。

长期的焦虑让李明感到疲惫不堪。他的工作效率开始下降，与同事

的关系也变得紧张。他开始害怕面对工作中的挑战，甚至有时候，连走出家门都需要鼓起巨大的勇气。

在朋友的建议下，李明开始寻求专业的心理咨询。通过与心理咨询师的对话，他逐渐认识到自己的焦虑并非无中生有，而是多种因素共同作用的结果。于是，他开始学习如何面对和管理自己的焦虑情绪。

在李明的案例中，我们可以看到李明产生焦虑的多种原因。首先，他的工作环境充满压力，这是外部环境因素的影响。其次，李明可能有一种倾向于预期最坏结果的思维模式，这是心理学因素的体现。最后，李明也意识到自己的问题，在朋友的建议下开始寻找专业人士帮忙。

从李明的案例中可以看出，焦虑的产生有其复杂性，而应对焦虑的方法也应该是多元化的。

管理焦虑的方法：

1. 认知行为疗法

认知行为疗法（CBT）是一种心理治疗方法，它能帮助人们识别和改变消极的思维和行为模式。通过 CBT,人们可以学会挑战自己的“灾难化”思维——这种思维让人相信如果失败，他的未来就毁了。通过 CBT，人们可以用更好的方法来应对心理问题。

2. 放松技巧

通过练习深呼吸和冥想，能够缓解紧张的情绪。每天花点时间进行这些放松练习，可以让自己的焦虑水平有所下降。还可以通过做瑜伽、听音乐等方式来帮助自己放松。

3. 时间管理

通过制定时间计划，学会更有效地管理时间。长时间地连续工作并不高效，而适当的休息可以帮助人更好地看清问题。同时，可以使用时间管理工具来规划每天的活动，确保有时间放松和社交。

4. 社会支持

与朋友和家人分享焦虑感受。分享的同时，自己的焦虑感受也会得到一定的缓解，而且朋友和家人也会提供许多有用的建议。李明正是和朋友说了他的问题，朋友给出了建议，才让他能够得到专业人士的帮助。

5. 健康的生活方式

改变不良的生活习惯，注重健康饮食和规律运动。健康的生活方式不仅能提高精力水平，也能更好地缓解压力。确保每晚都有充足的睡眠，这对于情绪稳定至关重要。

通过这些方法，每位焦虑人士都可以逐渐缓解或克服焦虑。虽然焦虑是一种常见的情绪体验，但通过正确的策略和行动，我们也可以有效地管理它。

一当众说话、演讲就紧张，怎么克服

法国的斐迪南·福煦元帅曾经说过："战争中最好的防守就是进攻。"如果你对羞怯采取了一种攻势，克服它就不是一件困难的事。

有社交焦虑的人通常都害怕去陌生或者人多的场合。在这种场合下，他们会感到手足无措、浑身不自在，与人交谈时容易结巴、脸红，产生一种羞怯、自卑的心理。在公众场合被要求站起来讲话，更会觉得头脑中一片空白，根本无法清晰地进行思考，也不知道该说些什么。

想要真正地摆脱社交恐惧，做一个成功的人，首先要解决的就是心理问题——扩大心理开放的区域，坦诚、积极、勇敢地表现自我，不要惧怕暴露自己的弱点和缺点。

若是不敢开口，不管你是谁，都不能消除恐惧和焦虑，为自己的社交打开大门。人生的种种机遇往往都要在社交中用口才来开拓，种种成功也要靠在社交中用口才来促成。我们要学会用口才打造属于自己的社交天地，这是每个恐惧社交的人都应该做的事情。

梦瑶是我大学时期的同学，记得她在学校时性格内向、不善言谈，总是独自一人待着，也不跟其他同学交往。因此，很多同学对梦瑶的印象都不深。

几年后，我去参观一个贸易展览会，巧的是竟然在展览区里看到了梦瑶。偶遇同学是一件很让人兴奋的事，我便想上前跟她打招呼。

当我走到梦瑶那个展柜的时候，正好听到了她跟一位顾客的谈话，两个人的对话让我诧异不已——真没想到几年不见，印象中不善言谈的她居然这么能说会道！

当时，那位顾客也是偶然经过梦瑶那个展柜，随意看看产品。梦瑶看到后上前问道："请问，您有什么需要吗？"

顾客对产品不太感兴趣，随意回答道："我就随便看看。"

梦瑶微微一笑，说道："是啊！很多人都说过这样的话。"正当顾客转头继续看产品之时，她又接了一句，"但他们后来都改变了主意。"

"哦？为什么？"顾客好奇地问。

然后，梦瑶就开始正式向这位顾客介绍她们公司的产品。

我站在一旁，梦瑶并没有看到我。我听着她口若悬河地跟顾客介绍着产品的功能，心想，这还是几年前那个内向而不爱说话的女生吗？

梦瑶终于忙完了，抬头看到我时也很诧异，随即笑着跟我打招呼。老同学多年未见，肯定要聚一聚，叙叙旧的，于是梦瑶和同事交接了下，我们便一起去吃饭了。

吃饭时，我们聊了聊彼此的近况。与梦瑶聊天让我觉得非常愉快，我由衷地赞叹道："上学的时候都没怎么见你跟其他同学交流，没想到现在你的口才这么好！"

梦瑶微微一笑，说道："那时的我内向、害羞，不敢说话是因为不知道说什么。但到了社会上，没办法，尤其是当了业务员以后，不说话怎么能把产品销售出去呢？刚做这一行的时候，我买了很多口才方面的书，每天对着镜子练习。后来，我试着抛掉害怕和羞怯，大胆地向别人介绍自己，介绍我背得滚瓜烂熟的产品资料。刚开始走出去也很难，哪怕背得滚瓜烂熟，向别人介绍时还是说得磕磕绊绊的，后来试得多了，也就熟练了，再后来就变成现在这个样子了。”

通过梦瑶的故事可以看出，即便是内向、不善言谈的人，只要勇于开口，多说、多练，也会成为一个能说会道的人。没有谁天生就口才好、善于社交，就像没有谁天生就学习好一样，那都是需要不断练习，才能成功的。

前段时间，阿诚到一家星级餐厅面试。经理瞧他岁数不大，就让他到后厨露一手。阿诚和面的时候，主厨走了过来，他看阿诚长得细皮嫩肉的，便调侃说：“小伙子，你的手那么细嫩，你觉得自己能当好厨师吗？”

这是一种非常明显的侮辱和挑衅，尤其是当着经理的面儿，这无疑是在破坏这次面试。阿诚听了这话，脸颊有些发烫，但瞬间就控制住了自己的情绪。他把手里和的面放下，转过身去，用平静的语气说道：“虽然您不看好我，但我还是要试试。”

停顿了一下，他补充道，“不过我对自己的手艺很有信心，我曾拿过全国西点师技能比赛的冠军。”然后，他注视着主厨的眼睛，又说道，“我知道您的厨艺很高超，希望您以后能对我不吝赐教。”这番话说完，主厨立刻收起了轻蔑的态度，甚至变得友好起来，说道：“那你加油吧。”

一个小时后，阿诚做的蛋糕烤好了。经理和主厨尝过后，都点头说好吃。阿诚被顺利录用了，主厨也没有再为难他。

有些人说，看到别人在公众场合口吐莲花、应付自如，自己也会羡慕，也渴望能在交际中游刃有余地表达自己，好赢得别人的赏识，可又不知该如何去克服羞怯的心理障碍。

罗斯福曾经说过："每一个新手，几乎都有一种心慌病。心慌不是胆小，而是精神过度紧张。"你要明白，害怕当众讲话不是个别现象，在舞台上侃侃而谈的大师们，有很多也曾为说话发过愁，甚至成为大师后在台上也没有完全克服恐惧感。

比如，甘地第一次演讲时，甚至不敢注视观众的眼睛；雄辩家查理士第一次上台时，紧张得两条腿直颤；古罗马演说家西塞罗第一次当众演讲时，也是紧张得脸色苍白，四肢颤抖。

当你知道害怕当众讲话、演讲就紧张是多数人都存在的一种普遍心理时，你会感到放松一些。接下来，你要做的就是努力去克服这个心理障碍了。

给当众演讲就紧张的人的建议：

1. 多肯定自己

口才好的人，通常都自信十足。平日里，要学会善于发现自己的优势，多肯定自己，少为羞怯找借口。不断地给予自己积极的心理暗示，你会发现自己其实很优秀。告诉自己在演讲时只要把自己真实的内心表达清楚就好了，不需要有太多的顾虑。

为了培养自信，当众演讲之前，可以在心里默念"我可以""我已经准备好了"之类的话，从内心深处相信自己。还可以在上台前做一次深呼吸，这样可以增加大脑的供氧量，不仅能使头脑更加清醒，还能增加自己的勇气。

2. 别怕被他人议论

害怕演讲时表现不好被人议论是一件再正常不过的事，不必过分担忧。我们可以从他人的议论中提取对自己有用的建议加以改正，汲取经验，为下一次的演讲做好准备。若把它当成一种心理负担，从而过分地压抑自己，变得不敢再跟他人交谈，不仅无法享受到与他人交谈的乐趣，还可能埋没自己的潜能。

3. 忘掉恐惧感

想要克服紧张的心理状态，就得勇敢地面对问题。演讲的时候，必须把注意力放在你要说的话上,而不是他人的看法,更不要想“我害怕”“万一说错了怎么办”，一心一意只专注于自己要说的话时，恐惧就会自动消失。

4. 理性面对失败

“人非圣贤，孰能无过？”犯错是正常的事，一次失败并不能说明你不优秀，只要找出问题的根源，避免以后再犯同样的错误就行了，无须耿耿于怀。

最后总结一下，想让自己流利地表达意见，顺畅地与他人沟通，最重要的是让自己习惯于开口讲话！在任何场合，都要积极地把握交际机会，学习说话技巧。最简单的办法是，先从跟同事、客户打招呼入手，等到说得多了，你就会发现自己越来越习惯与人讲话，不再羞怯和紧张了。

手机焦虑症，不要成为手机的奴隶

生活平淡，用心就会发光，岁月沉闷，跑起来就会有风，平淡的生活也有多种美。

王尔德曾说过：“所谓有趣的灵魂，实际上就是这个人的信息密度和知识层面，都远高于你，并愿意俯下身去听你说那些毫无营养的废话。和你交流，提出一些你没有听过的观点，颠覆了你短浅的想象力及三观。”这句话提醒我们，真正的内心强大并不依赖于外在的工具，而是源自个人的知识和智慧。当我们能够自信地依靠自己的能力，而不是过度依赖手机这样的设备时，我们就能更好地管理自己的焦虑感，保持内心的平静。

因此，面对没有手机的情况，我们可以将其视为一个机会，去培养自己的内在力量，提高自我依赖的能力，从而减少对手机的依赖，降低因手机的缺失而产生的焦虑感。

近年来，每次朋友聚会，菜端上来，总有人举起手机说：“先别吃，等我先拍一张。”然后是拍照、上传、等待赞美或者吐槽、回复……一顿饭下来，手机“吃”得最多。

在当今社会，手机已成为我们生活中不可或缺的一部分。当它不在身边时，许多人会感到焦虑。造成这种焦虑感的原因有很多。首先，手机让人们习惯了随时随地获取信息和沟通的便利，没有手机，人们可能会担心错过重要信息或无法应对紧急情况。其次，社交媒体和即时通信软件的普及使得人们越来越依赖用手机进行社交互动。失去这种互动，人们可能会感到被孤立。此外，手机还承载了许多个人信息和回忆，如照片、视频和日程安排，这些都是人们不愿意失去的。

周末，我和朋友丽丽约好去咖啡厅，坐下后，她习惯性地拿出手机，准备先把美食和周围的环境拍下来发个朋友圈。不巧，手机没电自动关机了。

她拍拍手机："居然没电，怎么这么不给力？"接着又说，"你带了充电器没？"

她见我没有说话，继续说，"平时充电器都装在包里，都怪我今天出门换了个包，充电器忘记拿了。"

我企图岔开话题，但失败了。

她不停地向我抱怨："本来我还想拍一张合影发朋友圈的，这下泡汤了。"

接下来的几分钟，她把手机颠过来倒过去反复看了几遍，几次试图开机都失败了。

我看她一副魂不守舍的样子，说："你现在最想做的事是不是马上回家，立即把手机插上电源？"

她抬起头，眼睛放光，像鸡啄米一样点头："对对，我恨不得插上翅膀飞回家去充电。"

我说："现在大家越来越离不开手机了啊，没有手机，简直活不下去，感觉被整个世界遗弃了。"

她说："是啊，我最近也觉得，一会儿不打开手机看看朋友圈，就觉得快要疯掉了。"

她说她每天都会将吃的、玩的、去了哪里、买的东西拍照上传朋友圈。每天醒来的第一件事，就是拿起手机打开微信，看看“朋友圈”旁那个小红点是否又亮起来了。看看朋友们在“圈子”里转发的各种信息，谁去哪里旅游了，谁去哪里吃饭了，谁又恋爱了，谁又跳槽了，等等。每天睡前的最后一件事，也是再刷一遍“朋友圈”。她记不清这个习惯养成多久了，就好像饿了要吃饭、渴了要喝水一样，成了一种完全自然的需求。

末了，她不胜担忧地问我：“你说我这算不算病？”

“你这是病得不轻啊！”我开玩笑说。

我对丽丽说的话有一半是玩笑，有一半是认真的。

很多人现在对手机产生了依赖症，一旦手机没有电或者因为其他原因无法使用时，就会产生焦虑。还记得一两年前，手机网络费用还很贵时，当时大多数人去饭店吃饭，进店第一句话问的是：“有 Wi-Fi 吗？”这几乎成为当时的流行语，很多人调侃饭店最好吃的一道菜应该是 Wi-Fi。有心理学专家指出，这种现象就属于“信息收集强迫症”。大脑对于信息的需求得不到满足，人就会产生一种不适的感觉。使用 Wi-Fi 时，大脑持续着信息收集的状态，如果信号中断，这种状态被打破，人就会焦躁不安。

另外，有心理研究者认为，在陌生的环境里，人与人的空间距离拉大，彼此的交流受到一定阻隔，人的孤独感增强，彼此之间的不信任感也会增加，人们迫切需要来自“熟人”的慰藉，“朋友圈”正是扮演着熟人角色，满足了人际交往的需要。“朋友圈”建立起这样一个活跃的熟悉群体时，害怕孤独的人会一遍遍地刷屏，想看看微信朋友圈里的“朋友们”在干什么，在点赞和评论的过程中，保持和朋友们的互动，或者不停地发自己的状态，从别人的回复里寻找自己的存在感，并且在阅读这些评论时得到自我满足或者自我陶醉。

朋友圈将虚拟的社交和现实的交际圈融合到了一起，给人私密的安全感，让人们享有选择开放或者封闭的自由。这也许是很多人不愿离开这个圈子的另一个原因。

化解“手机焦虑症”的方法：

1. 带有明确目的使用手机

在使用手机上对自己进行自我约束，尤其是在晚上，更不宜长时间地抱着手机看个不停。可以为自己的一天规划明确的使用手机时间，最好在使用手机时带有明确目的性。是查资料，还是收发邮件。使用完后，立刻将手机放下。

2. 寻找手机替代者

很多人玩手机是打发无聊的时间，不玩手机，会无所适从，不知道该干什么。这类人大多缺乏其他的兴趣爱好。不妨多增加一些生活爱好，例如周末郊游、和朋友聊天、散散步、进行一些体育锻炼等。

3. 多和朋友聚会

很多离不开手机的人的特征就是沉迷于抖音、发朋友圈或游戏当中。选择多和朋友聚聚会，聊聊天，参加一些不同主题的户外运动，例如打打球、慢跑等，不仅可以锻炼身体，还有助于开放内心，扩大交际圈，使性格变得更活泼外向。

4. 调整生活作息

有些人晚上失眠，其实是拿着手机不舍得放下。要改善此类失眠，最有效的方法就是调整作息，培养良好的作息时间。规划好每天几点起床，每天具体的安排，吃饭时间等。按照这个规划严格执行，这样就能让自己的一天变得充实，也就减少了触碰手机的机会。

科技带来了进步，也带来了副作用。科技创造了朋友圈，只要有网络，你可以免费发视频、传照片、分享心情。有人说，如今的聚会只是大家表面上在一起，其实每个人都只顾低头刷微博或用微信聊天，从而忽略了面对面的交流，让我们变得“这么近，那么远”。

当“朋友圈”几乎渗透到了生活的每一个角落，手机便成为一种生活方式。不拒绝，不依赖，是我们对待手机应有的态度，这样才不会被手机绑架，从而陷入焦虑。

单身者的焦虑，对的那个人在哪里

如果事与愿违，那一定另有安排。

会有新的花儿，新的绿叶，会有其他温柔的日子。

杨绛说:“一个人最高级的炫耀，是你这一生拒绝过什么，你能拒绝的东西里，藏着你不随波逐流的性格，和内心深处不为人知的骄傲。”这句话告诉我们，单身并不是一种缺失，而是一种选择和自我价值的体现。在快速发展的社会中，保持独立和自我认知，比追随他人的步伐更为重要。

在现代社会，单身成了许多人的生活状态。对于一些人来说，单身是一种选择，但对另一些人来说，单身可能会带来焦虑，尤其是在寻找生命中的伴侣时。单身者的焦虑可能源于多种因素，社会和文化常常强调成双成对的重要性，这可能会让单身者感到外界的压力。此外，随着年龄的增长，亲朋好友结婚生子，单身者可能会感到孤独。内心的恐惧，如害怕孤独、害怕错过适合的人选，也会增加焦虑感。此外，社交媒体上不断展示的甜蜜情侣照片，也可能让单身者感到自己的生活缺少了些什么。

一次出差的时候，我在火车上认识了一位男士，他 30 岁，身材高大，英俊潇洒，在一家外贸公司上班，年收入 40 万元，有房有车，是典型的高富帅，然而至今没有女朋友，家里人也很着急。

“不可能吧？”我感觉有些不可思议。

他苦笑着说:“年轻的时候,过于专注工作了。后来工作稳定了才开始相亲,但是相了很多次都没遇上合适的人。”

“一位都看不上吗?”

“情况很复杂啦。第一位相亲对象,是一名教师,25岁,长相甜美可爱,皮肤也很白,但是身高太矮了。第二位相亲对象是某大医院的医生,身材、长相、兴趣爱好等各方面都符合我的要求。但是她经常值夜班,而我不希望我的女朋友晚上在外边。第三位相亲对象是位公务员,各方面条件都没得挑,是我的理想型。不过在几次约会之后,我发现她有点公主脾气,喜欢生气,这让我很讨厌。后来又相亲了好几次,但是都不理想。你说我怎么就碰不到那个对的人呢?”

“你有没有想过是你的要求太高了呢?”我稍稍试探了一句,他没有再说话。

我见过很多“剩男剩女”,他们当中除了一小部分人是因为工作忙、没时间谈恋爱或者是奉行独身主义思想不想谈恋爱、结婚之外,大部分人“单着”的一个重要原因就是过于挑剔。

这些人往往是完美主义者,抱着“宁缺毋滥”的择偶心理,认为自己虽然到了“大龄”阶段,也只是年龄大了些而已,在外貌、气质、才华、职业、经济条件和社会地位等方面丝毫不比别人差,甚至有时候明显优越于他人。正是自认为优秀,导致他们的内心渴望寻找一个与自己各方面条件相匹配的伴侣,一旦对方达不到这个标准,他们就会心生失望,果断放弃。这样挑来挑去,自然就剩下了。

眼看着曾经的闺蜜穿上美丽的婚纱,步入幸福的婚姻殿堂;以前对酒当歌的哥们儿下了班就着急回家抱孩子。再加上“男大当婚,女大当嫁”

的社会舆论和父母的催促，很多“剩男剩女”都出现了焦虑烦躁、情绪低落的情况，更有甚者失眠、抑郁。

帮助单身者减少焦虑的方法：

1. 自我接纳

学会自我接纳是建立自信和减少焦虑的重要步骤。单身者应该认识到，单身并不意味着生活不完整或不成功。通过欣赏自己的独立性和享受自由，单身者可以发现单身生活的积极面。培养个人兴趣和爱好，如学习新技能、旅行或参与志愿服务，可以提高生活质量并带来满足感。自我接纳还包括接受自己的不完美，理解每个人都有自己的节奏和时机。

2. 扩大社交圈

社交圈的扩大有助于减少孤独感和提供新的人际关系机会。参加社交活动、兴趣小组或在线社区，可以让单身者遇到志同道合的人。此外，通过参与社区服务或课程，单身者可以在没有压力的环境中建立与他人的联系。建立一个支持性的朋友网络，可以为单身者提供情感支持，并帮助他们在需要时找到安慰和建议。

3. 正面思考

保持积极正面的心态对于应对单身焦虑至关重要。将注意力从寻找伴侣转移到个人成长和实现目标上，可以帮助单身者感到更加充实和满足。通过设定可实现的目标和庆祝每一个小成就，单身者可以提高自我效能感。保持积极的思维方式，如每天记录三件值得感激的事情，也可以提升积极情绪。

4. 心理咨询

对于那些由于焦虑感而影响日常生活的单身者，心理咨询可以提供专业的帮助。心理咨询师可以帮助单身者探索焦虑的根源，提出应对策略，并提供情感支持。通过咨询，单身者可以学习如何处理社会压力和改善人际关系的技能，以及如何维护自尊。

5. 保持开放态度

保持对新人际关系的开放和乐观态度是重要的。不要因为过去的经历或恐惧而关闭自己的心门。尝试新的约会方式，如在线约会或速配活动，但同时保持边界和安全意识。学会享受约会的过程，而不是过分关注结果。保持耐心和乐观，相信每个人都有可能遇到合适的伴侣。

不要提前预支焦虑，因为很多事都不会发生

不为已经发生的事懊恼，过去已无法改变。

不为还未发生的事焦虑，没人可以控制未来，焦虑除了伤害自己没有任何意义。

焦虑往往源于对失败的恐惧，这种恐惧可以限制我们的行动，阻碍我们追求成功。但实际上，我们所担心的失败常常不会发生。然而，正如爱默生所说:“每一种挫折或不利的突变，是带着同样或较大的有利的种子。”这句话提醒我们，即使面临失败，也可能隐藏着转机和机遇。

在人生道路上，失败是常有的，我们应该接受失败是成功之路的一部分，而不是将其视为终点。通过这种方式，我们可以减少对失败的焦虑，并将注意力集中在积极的行动和成长上。这样，我们就能更加自信地面对挑战，不被无谓的焦虑所束缚。

生活中，很多人每时每刻都处于焦虑之中，并非他们的生活面对很多危机，而是他们缺乏安全感，会为那些未必会发生的事情担忧，也就是常说的杞人忧天。毋庸置疑，未雨绸缪是好，可以在事情发生之前有更多的时间进行充分的思考和准备，从而想出对策，不至于事情发生的时候手忙脚乱。然而，过度思虑周全，导致杞人忧天，就超过了思考的限度，无形中给我们的心理增加了很多负担。曾经有心理学家专门进行了一项实验，让人们把自己担忧的事情写在一张纸上，去正常地生活，等到一段时间之

后，再让那些人回过头来看自己曾经写下的担忧，大多数人都发现自己担忧的事情根本没有发生，甚至没有给自己的生活造成任何困扰。这很有力地证明了一个事实，我们的担忧十有八九不会发生，我们的担忧，大多数情况下都是杞人忧天。

看微博时，我收到了一个前来寻求心理帮助的小妹妹的消息。她说，自己最近生活颓废，想寻求改变但总是失败，想下定决心却又怕自己坚持不下来，坚持一段时间又怕没有成效。

我问她是从什么时候开始出现这种情绪的。她说是从去年考研失败后才有的。

“自从去年三月份拿到考研成绩，知道自己无缘进入初试以后，我就一直郁郁寡欢。现在，工作也懒得找，每天在家里睡到中午才起床，一待就是一整天，哪儿也不想去，谁也不想见。今年三月份，眼看着考研之战又将打响，我知道自己现在需要改变心态，改变生活方式、生活习惯，不再懒惰，不再因为考研失败就否定自己。可是不知道为什么，三个月来每天就像恶性循环一样，早上不起晚上不睡，拿起手机就查询关于心理学考研的资料，刚查了一半又果断放弃。这种状态，别提考研了，小事都做不好了，再这样下去，父母伤心，男友估计也受不了了。他去年和我一块儿考研，他考上了，我落榜了。现在他鼓励我继续考研，可是我很害怕。如果能考上还好，如果辛辛苦苦了大半年再次失败，估计我就彻底站不起来了，我真讨厌现在的自己。”

一件事还没开始做就担心自己这不行那不行，这位小妹妹无疑患上了“失败焦虑症”，或者也可以说是“失败恐惧症”。所谓失败恐惧，医学上的定义是指个体在活动中未达到预期结果而遭受挫折后，对自己今后的处境产生的一种不安、惊慌的消极情绪状态。强烈的失败恐惧可导致神经功能的紊乱和内分泌功能失调。

心理学家认为，个体出现严重的失败焦虑和恐惧往往来源于早期不良的家庭教育。有着严重的失败恐惧症的人在幼年的时候经常会遇到这样的情况：在学业上获得了较好的成绩，但是父母反应平淡，某次考试失败，父母又会大动肝火，严厉惩罚自己。在这种家庭中成长的孩子，内心总会出现一种不被接受或者不被认同的恐惧感。

不科学的心理归因也是一些人对失败产生焦虑、恐惧心理的重要原因。在这些人的脑海中，存在着一个“简单化一”的信条：“如果我在这件事上失败了，那我在所有事情上都会失败。”换句话说，只要出现了一点失败就会全盘否定自己之前的所有努力，甚至否定自我。

虽然，有“失败焦虑症”的人一般都会有意识地规避风险，努力争取好的结果，做事也更为细致，以求完美。但他们也会陷入焦虑、拖延、懒散、缺乏动力，甚至丧失行动力的境遇之中。比如，一些失败焦虑症患者内心非常想要获得成功，但同时又非常害怕失败，以至于到最后他们干脆选择了放弃。

患上“失败焦虑症”就像得了重感冒，一开始会很难受，但只要我们积极调整（多休息、喝热饮、穿暖一点儿），通常都会好起来的。

给“失败焦虑症”患者的建议：

1. 端正你的心态

治愈“失败焦虑症”，最为关键的一步是要正确认识失败。正如雨果所说："尽可能少犯错误，这是人的准则；不犯错误，那是天使的梦想。尘世上的一切都是免不了错误的。"在成长的道路上，每个人都会面临失败，这是不可避免的。

失败也不是什么大不了的事。美国前总统亚伯拉罕·林肯曾说过："此路是如此的破败不堪又容易滑倒，我一只脚打滑了，另一只脚也因此站不稳，但我回过神时，我就告诉自己，这只不过是滑了一跤，并不是死掉，我还能爬起来。"

失败让人成长，有位哲人曾说："错误同真理的关系，就像睡梦同清醒的关系一样。一个人从错误中醒来，就会以新的力量走向真理。"我们所要做的便是在错误中改正，在错误中成长。

2. 未雨绸缪，有备无患

做事之前，总是幻想着自己的失败场景，这可能与先前经常性失败的心理创伤有关。想要逆转局面，最好的办法就是在做事之前重新审视自己的准备工作。比如，尽可能把目标细化，为各个阶段的目标设定时间限制，预测过程中可能出现的挫折，并为将要发生的一系列问题预留解决方案，然后扎实地付诸行动。

3. 释放你的压力

为什么才华横溢的歌手，在排练的时候表现得完美无缺，正式登台时却失误连连？压力越大，人越有可能过度分析自己的行动，结果很有可能使自己走向失败。平时可以多参加一些有益的户外活动，比如跑步、健身、游泳等，可以很好地释放心理压力。也可以尝试深呼吸，让自己在短时间内尽快放松下来。

很多人惧怕失败，还有可能是因为内心的恐惧情绪长久得不到释放。可以大胆把失败的情绪告诉身边的亲人、朋友，你会在第一时间获得他们给予的情感支持。同时他们会帮助你分析失败的原因，进而让你更快地从失败中吸取一些经验教训，帮助你继续往前走。也可以把自己的失败经历写进日记或博客，帮助你宣泄负面情绪，要记得多写点乐观的评论加以平衡。

4. 自我解嘲

自嘲是疗愈“失败焦虑症”的有效方法。当你尝试着从失败中找出笑点并笑谈自己的恐惧时，大脑就很少会以自我破坏的方式来表达恐惧。比如，面对失败时，不妨对自己说：“傻瓜，你掉坑里了，怎么能出现这种低级的错误呢？还是太年轻了。”

5. 寻求外来监督

如果你还是害怕自己会失败的话，不妨和自己周围的朋友一起做一件事，让他们来监督你走下去。慢慢地，这种外来监督就会转化成自我监督，每当你准备逃跑时，告诉自己不要放弃。

培养钝感力，杀死敏感型焦虑

我不在意别人的看法，与其花时间在乎别人，不如做点自己感兴趣的事。

在这复杂的世界里，我只想做一个简单快乐的人。

引用《圆桌派》中的一句话："焦虑的反义词是具体。焦虑是一个非常虚幻的情绪。我们的脚踩到具体的路径上，一步一步往前走的时候，就没有了焦虑。"这句话提醒我们，通过具体的行动和目标，我们可以减少无端的敏感和焦虑，将注意力集中在实际可控的事物上，从而找到内心的平静和力量。

在现代社会，敏感性常常被视为一种负面特质，它不仅会导致个人的焦虑，还可能影响人际关系和社会互动。敏感性的根源往往来自对环境的过度反应，这种反应可能源于个人的经历、性格或是生理因素。例如，一个从小在过度保护中成长的孩子，可能会发展出对外界刺激的高度敏感性。这种敏感性会让他在面对挑战或压力时，感到特别的焦虑。

小李是一名办公室职员，他对同事的言行非常敏感。一次，他的一个提议在会议上被否决了，他立刻感到自己被排斥和不被尊重。接下来的几天里，他不断回想那次会议，感到焦虑和沮丧。他开始怀疑自己的能力，并对工作失去了热情。

一天，小李的一个同事无意中说了一句玩笑话，小李却认为这是对他的个人攻击。他的心情一落千丈，感觉自己在这个办公室里没有朋友。这种敏感性让他在工作中感到孤立，他的焦虑感越来越强烈，人际关系也越来越差，甚至影响到正常的工作交流。

小李的故事展示了过度敏感的情绪导致误解和负面情绪产生。他的反应不仅基于实际发生的事件，还基于他对这些事件的个人解读。这种敏感性使他难以客观地看待情况，导致了不必要的焦虑。

小李的故事并不罕见，许多人都在不同程度上经历过类似的情况。敏感性使得个体对于周围的环境变得过于警觉，这种警觉性虽然在某些情况下可能是有益的，但在大多数情况下，它会导致不必要的焦虑和压力。

应对敏感性带来的焦虑的方法：

1. 认知重塑

认知重塑是一种心理治疗技术，它涉及识别和改变人的负面思维模式。过度敏感的人往往会对某些情况做出过激的解读，这可能导致不必要的焦虑。通过认知重塑，他们可以学会如何更客观地评估情况，而不是立即假设最坏的情况。例如，如果某人在会议中的提议被否决，他可以学会将其视为反馈和学习的机会，而不是究于个人的失败上。

2. 情绪调节技巧

情绪调节技巧可以帮助人们在面对压力时保持冷静。这些技巧包括深呼吸、正念冥想和渐进性肌肉放松，通过这些技巧使身体放松来达到情绪稳定。例如，当感到紧张时，可以尝试深呼吸练习，专注于呼吸节奏，这有助于减轻身体的紧张感和焦虑情绪。

3. 增强自信

增强自信可以减少对他人评价的依赖。这可以通过设定小目标并庆祝达成这些目标来实现。例如，一个人可以设定一个小目标，如完成一个小项目或进行一次成功的演讲，每次成功后都要记得给自己正面的反馈。

4. 社交技巧训练

社交技巧训练可以帮助敏感的人学习如何在社交场合中更有效地沟通和互动。这包括学习如何倾听、如何表达自己的想法而不感到害怕，以及如何处理冲突。通过角色扮演和模拟练习，可以在安全的环境中提高这些技能。

5. 专业咨询

如果过度敏感严重影响了日常生活，寻求心理健康专业人士的帮助是非常重要的。心理咨询可以提供个性化的策略来应对敏感性和焦虑。专业人士可以帮助个人探索他们的敏感性背后的原因，并提供工具来管理情绪和改善人际关系。

同学聚会时，你在害怕什么

允许别人做别人，允许自己做自己。在你的世界里，所有人都是 NPC（非玩家角色）。

正如有人捏着你的敏感隔岸观火，就定有人愿意拥抱你的怯懦。

参加同学聚会确实可能会让人感到焦虑。正如马克·吐温所说："克服困难最好的办法是直面困难。"在聚会中，我们可以选择直面这种焦虑，与老朋友重聚，分享过去的经历和未来的梦想。这样的体验，虽然可能起初让人不安，但最终往往是值得的，因为它提供了一个珍贵的机会，让我们重新相聚和增进友谊。

"以后你们这种破聚会少叫我啊！"在电视剧《中国式离婚》中，女主人公林小枫怒气冲冲地向老公宋建平嚷嚷："就那个女的，她丈夫要收购人家美国什么岛。那女的，没劲透了！一个劲儿地问我为什么没工作，问了一遍还不过瘾，又问一遍……"

林小枫口中说的"破聚会"，是宋建平的大学同学聚会。"没劲透了！"林小枫这句貌似赌气的话，道出了时下很多人的心声。时下的聚会，已经不仅不会因为相聚而开心和快乐，反而会因为聚会产生各种焦虑的心理。

在电视里无意听到了林小枫的这句台词，令我感触颇深，尤其是最近两年，每逢春节的时候，各种大大小小的聚会让我喘不过气来，有些时候甚至感觉快要窒息。

其实，高中同学聚会还是比较纯真的，聚会上，大家还能聊聊高中生活，谈谈自己的理想，想法也都很单纯。可是，当大家大学毕业踏入社会后，同学们的生活逐渐发生了变化：有的仍在外闯荡，有的考上了公务员，有的下海经商腰缠万贯，有的在家过着平淡的日子。

而随之我发现，最近两年，同学聚会谈论的话题，逐渐从以往的“回忆当初”转变成了“炫耀自己的身份地位”。

也可能是大家踏入社会久了，逐渐淡忘了以前的生活，聚会时大家谈论的多是和现实有关的东西，男同学说得最多的就是谁谁的生意做得很大、挣了多少钱等；女同学议论最多的则是谁谁的老公有能耐，谁家的孩子比较聪明等。也有同学会借机炫耀，尤其是喝多的时候，经常会听到诸如“我有个项目准备投资多少钱”“我全款买了套房子”“又买了辆车”此类的话。

而这些同学炫耀自己所拥有的房、车等的时候，往往会忽略另外一些同学的感受——他们可能还在骑着电动车，还在为能拥有属于自己的房子而努力。

同学之间出现身份落差后，坐在一张桌上吃饭的人不再是像以前随便坐的了，现今通常是“混得好的”坐一桌，自认为“混得不好的”则坐其他桌，相互之间只有敬酒时寒暄几句，共同语言越来越少。

今年的同学聚会我注意到聚会时部分“混得不好”的同学的微妙变化：聚会刚开始表现正常，但会越喝越多，直到最后醉酒失态，他们可能心里不好受。

散场时，我直接回了家，出租车行驶在空荡的街道。望着远处迷离的街灯，我越发觉得，同学聚会早已变得“相见不如怀念”。

做什么工作？开什么车子？房子是买的还是租的？现如今，本应纯洁的聚会话题越来越落入俗套，聚会渐渐沦为一个攀比的舞台，上演着少数意气风发者的独角戏。那些买不起房、开不起车的“穷同学”“穷同事”“穷朋友”，就会变得焦虑，只得以各种借口推托逃避盛情难却的聚会，还会被扣上“恐聚族”的帽子。面对昔日“同桌的你”，“恐聚”成了不少人的真实写照。

让我们来算算这聚会的经济账。聚会就要有场所，并且场所还不能太寒酸，最起码也要去差不多的酒店，酒足饭饱、意犹未尽还要去 KTV 高歌一曲。不管 AA 制还是轮流坐庄，整个开销加在一起，对于工薪阶层往往是一笔不小的花费。仔细想来，这“恐聚族”和“恐归族”“恐节族”一样，缺的都是银子。有了底气，腰杆硬实，谁还“恐聚”？

再来品这聚会的味道。交流就需要有一个共同的话题，一个关注点。可当下，除了收入、车子和房子，还有什么能激起大家的兴趣？于是乎，通过聚会，一些人的优越感膨胀了，一些人的挫折感滋生了，浓浓的同学情、朋友情慢慢被稀释。有人在攀比中找到了满足感，有人则陷入了焦虑和失落。聚会交流的不再是感情，而是财富、地位、人际关系。

心理学家认为：“恐聚族”往往预设了很多负面情绪，这些负面情绪会带给自身很大的焦虑感，聚会时会不由自主地寻找蛛丝马迹来佐证自己的猜想，觉得其他人都戴着有色眼镜看自己，这都是不健康的心态。同学聚会对于人际网络的恢复和维系是很重要的，并不需要说很多话、搞很复杂的活动，老同学们能够聚在一起，这本身就有一种熟悉感、温馨感的体现。

心理落差完全不必成为正常聚会的障碍。心理学家表示，聚会难免会有人炫富，相信自己也有很多出众的地方，同学、朋友聚会，就是为了放松叙旧，没有必要让聚会成为大家心理上的负担。同学聚会保持一颗平常心最好，“混得好”的人不要把聚会当作炫耀的平台，“混得不好”的人也不必执着于比较，要把同学当作生命历程中有共同经历的人来珍惜。

给有“同学聚会焦虑症”人的建议：

1. 积极的心理准备

将焦虑转化为积极的期待。想象一下聚会中可能发生的愉快场景，比如与老友的欢笑，共同回忆过去的趣事。这种正面的心理暗示可以帮助你减少对未知的恐惧。

2. 深呼吸和放松练习

在聚会前进行深呼吸和放松练习，可以帮助你缓解紧张情绪。通过调节呼吸，控制自己的心率和压力水平，从而以更平静的心态面对聚会。

3. 社交技能的小练习

在参加聚会前，可以和朋友进行一些简单的社交练习，比如模拟对话或角色扮演。这样的练习可以帮助你在真实的聚会中更加自如地交流。

4. 设定明确的目标

给自己设定一些小目标，比如与至少三位同学交谈，或者参与一个团体游戏。这样的目标可以帮助你集中注意力，减少对周围环境的过度敏感。

你感到焦虑，很大程度上是因为你太累了

这个世界我们只来一次，百年之后，没你也没我，我们拼搏一生，带不走一砖一瓦，我们执着一生，带不走一丝爱恨情仇！

达利·拉马曾说过："时间是一条河流，我在河中游泳。"这句话恰如其分地描述了焦虑与时间的关系，提醒我们即使在不断变化的时光中，也要找到前进的力量。焦虑可能会使我们感到困顿，但它也可以成为我们成长和进步的催化剂。

现代社会发展迅猛，一切都日新月异，这直接导致人们的生存压力增大，工作竞争激烈，心情焦虑不安，有的时候就像孩子一样反复无常，时而欢笑，时而沮丧，时而欣喜，时而绝望。人们常说，六月的天，孩子的脸，说变就变。殊不知，人的心情也和六月的天一样，时而艳阳高照，时而阴雨连绵，让人根本来不及防备。

现实生活中，的确有一些人，他们的情绪很容易激动，前一刻还在哭泣，后一刻就破涕为笑。前一刻还在哈哈大笑，笑着笑着眼泪突然就出来了，使得他们身边的人束手无策，根本不知道应该如何安慰和安抚他们。这样的情绪波动现象在心理学中很常见，也很普遍，很多人不但在与他人相处时会出现这样的情况，就算在独处时，心情也会时而阴雨，时而晴朗，把自己都搞得莫名其妙。

一个人很难彻底摆脱焦虑对心理的影响，唯有掌握自我调节的好方法，

才能保持心情愉快，才能避免情绪陷入过大的波动之中，导致一切都变得无法控制。例如，现实生活中，为了让心理有所寄托，应该努力培养自身的兴趣爱好，让自己在闲暇的时候有事情可做，也能够在心情郁郁寡欢的时候找到更多的乐趣。

很多人都热爱艺术，感到焦躁不安时，就会唱歌、跳舞、画画或者进行适当的运动等，以此来排遣内心的焦虑，让自己变得快乐起来。每个人的兴趣爱好都是不同的，只要是健康的爱好，只要能够对我们的情绪起到舒缓的作用，都是可以的。例如运动、绘画、阅读、听音乐、插花等，都是很好的排遣方式，都能帮助人们缓解焦虑情绪，恢复平静理智。

近来，公司里比较忙，设计师小梦因为接连不断地加班，已经一个月没有休息了，而且有的时候晚上下班还很晚，这使她的心情糟糕极了。她觉得自己的心就像是夏日雷阵雨来临前压境的乌云一样低沉，似乎能够拧出水来，有的时候她前一刻还在和朋友煲电话粥哈哈大笑，挂断电话之后就会陷入沮丧之中，恨不得大哭一场。她已经二十八岁了，却还没有找到合适的男朋友，每天住在与人合租的这间朝北的小房间里，除了一张床外，几乎没有下脚的地方，她就觉得自己的人生很失败，而且让人绝望。

一天，小梦十点下班，坐着末班车，拖着疲惫的身体十一点半才回到租住的房子里，进门就忍不住痛哭流涕。她哭得撕心裂肺，似乎世界末日即将到来那般不管不顾。足足哭了一个多小时，她才忍住眼泪，也才恢复平静。意识到自己的情绪濒临崩溃，小梦决定请假休息一天，好好调整一下自己。次日，她一觉睡到自然醒，觉得心里满足极了。下午，她约了闺蜜一起去逛街，还一起去吃最爱的麻辣小龙虾，喝着冰镇的啤酒，这一刻小梦感到非常满足，也觉得此前的一切付出和努力都是值得的。

毫无疑问，小梦还是比较理性的，对于自己的身体和心理状况也比较关注。她意识到自己的精神过于紧张，心理压力也太大，果断采取措施，不再让自己勉强支撑下去，避免了更严重的后果。我们也应该学习小梦，在意识到自己状态不佳的时候及时采取措施，解决问题。实际上，很多情绪问题都是不断积累才变得越来越严重，我们若能调整好心态，及时处理情绪问题，一切也就不会发展到无法收拾的地步。

焦虑确实可以像时钟的钟摆一样，不断在我们的心中来回摇摆，给我们带来不确定性和紧张感。

化解过度疲劳带来的焦虑，可以尝试的方法：

1. 呼吸练习

当焦虑像时钟摆动一样在你心中回荡时，深呼吸可以帮助你重新获得心理的平衡。试着闭上眼睛，深深吸一口气，然后缓缓呼出，感受你的心跳和呼吸逐渐变得平稳。这个过程就像是在调整时钟的节拍，让你的内心回到一个平静的状态。

2. 正念冥想

正念冥想是一种让人专注于当下的练习方式，它可以帮助你从焦虑的摆动中抽离出来，专注于现在的感受。通过观察自己的思绪，你可以学会如何管理那些来回摇摆的焦虑感。

3. 有意识地放松

找到一种放松的活动，比如阅读、画画或散步等。这些活动可以让你的心灵暂时远离焦虑的摆动。当你全身心投入某项活动中时，你的注意力会从焦虑中转移到这项活动上，从而减轻内心的不安。

4. 建立日常生活节奏

制定一个稳定的日常生活节奏可以帮助你控制焦虑。就像时钟需要规律地摆动一样，一个固定的日程可以为你的生活带来秩序和可预测性，减少焦虑的空间。

通过这些方法，你可以学会控制那些像时钟摆动一样的焦虑感，让你的心灵恢复宁静。记住，焦虑是一种自然的情绪反应，通过练习，你可以学会如何更好地管理它。

第二章

换个角度看问题，轻易化解内心焦虑

我的天空里没有太阳，总是黑夜，
但并不暗，因为有东西代替了太阳。

一程有一程的磨砺，
一站有一站的风景，
望可望之事，待可待之人。

把期待降低，把依赖变少；
好好生活，好好爱自己。

很多人因为一些小事感到焦虑，也有些人在遇到挫折和困难后内心疲惫，不管哪种原因，何不换个角度去看待问题，学会用逆商思考问题。把困难和挫折转化为前进的动力，把失败看作成功的基石，把错过的当作另一种美丽……换一个角度看问题后，就会发现原来一切让你焦虑的事情，都不是什么大事。

当你为错过太阳而哭啼的时候，也将错过流星

每个人的生活节奏都不一样！有人三分钟泡面，有人三小时煲汤。你选择了你想要的方式就坚定走下去，别胡思乱想！每个人的"花期"不一样，不必焦虑某个阶段有的人比你跑得快。

正如苏格拉底所言："未经审视的人生不值得过。"在每一次的错过中，我们都有机会审视自己，从而获得成长和智慧。

我们有时会在有意或无意中错过一些事情。或许你曾经因为疏忽，忘记了与女友（男友）约会的时间，忘记了女友（男友）的生日；或许你曾因忘记某个重要的面试日期，错过了获得好工作的机会；或许你错过了最后一班回家的公交车，错过了与亲人团聚的机会。面对这些，你是不是整天都在焦虑与叹息之中度过呢？

你的回答如果为"是"，请你马上停止这种焦虑与叹息，你的人生大可不必如此。逆向思考一下，错过了爱情，你还有朋友；错过了工作，你还有自由。这样思考后你会惊讶地发现：原来错过了并不是一件糟糕的事情，反而可能是一种幸运。既然如此，又何必焦虑、叹息呢？

有一年，美国一所著名的大学在中国招收学生，名额只有一个。被招收学生的全部费用将由美国政府来出。很多学生报名参加了初试，初试结束后，只有十几名学生进入了下一轮面试。到了面试的那一天，这

些学生以及他们的家长都来考场静候面试开始。主考官刚出现在考场，学生们便一拥而上，将主考官团团围住。他们用流利的英语跟主考官交流，甚至还做起了自我介绍。然而，只有一名学生由于动作太慢，没能接近主考官，为此他心里感到了一丝失落与懊恼。

这名学生认为自己不可能被录取了，垂头丧气地准备去考场外散心。就在这时，他突然发现大厅的角落里站着一位外国女士，正在茫然地看着窗外。学生心想："她不会是遇到什么麻烦了吧？我过去看看能不能帮上她的忙。"于是，这名学生走向那位女士，有礼貌地跟她打了招呼并简单介绍了一下自己，最后问："您是不是需要帮忙呢？"女士说："谢谢你的好意，我暂时不需要。"接下来，女士又问了一些这个学生的情况，两人越聊越投机，谈得很愉快。

第三天，这个学生收到了主考官的通知，他被录取了。这个学生得知消息后十分高兴，后来他才知道，原来那位女士就是主考官的夫人。

不要因为错过的事情而懊恼，也许会因为错过而收获意想不到的结果。生活中，做任何事都应该竭尽全力、不求回报地去完成，哪怕结果并非那么完美，也不要焦虑和失望，更不应为此停止前进的步伐。要相信，在前方向你招手的永远都是机遇。

错过本身未必不是一种美丽，从长远来看，错过更未必是一种不幸。如果你时常为错过感到庆幸而不是抱怨的话，恭喜你，你已经学会欣赏错过了。

我大学毕业那一年，进入了北京的一家公司当职员。从我家到公司坐公交车需要花费半个小时的时间，我每天一早就要挤公交车。虽然半个小时的路程并不长，可是因为这辆公交车有几站停靠在地铁口附近，所以每天都非常拥挤，我常常因为拥挤而懊恼、抱怨。

一天，我起床稍微晚了一点，来到公交站等了三辆车都没有挤上去。心里懊恼不已，我抱怨自己的运气怎么就这么不好。无奈之下，我只能再等下一辆公交车。等到公交车停靠在站点时，人们还是一拥而上，我虽然“努力”了，可还是被挤了下来。望着渐行渐远的公交车，看着上班时间越来越近，我心里更加着急了，心情也糟糕透了，差点决定步行上班去。

就在这时，后面又来了一辆公交车，由于等车的人已经不多了，所以我顺利地上了车，过了两站，还得到了一个座位。最终，我踩着时间正点到达公司。看来，上天还是眷顾着我啊。

不管错过什么，都要淡定地告诉自己，错过也是一种收获。没有看清收获，也并不代表这些收获并不存在，它就静静地待在那里，等着你挖掘它、感悟它、拥有它。

同样的事情，你可以因为它意志消沉，也可以因为它变得更加坚强，其中的关键，就在于你如何去面对它。你坚信生活是美好的，并用淡定的心态面对错过，你的心情必将是快乐的，你也会成为一个幸运的人。你不再因为错过怨天尤人时，不再为不确定的将来焦虑不安时，你就能够从中得到生活的乐趣，收获属于自己的硕果。

因错过而产生的焦虑，可以尝试以下三种方法缓解：

1. 接受并释放情绪

承认自己的感受是合理的。错过某些事情可能会让人觉得遗憾和焦虑，但这是人之常情。要允许自己体验这些情绪，而不是压抑或逃避，比如可以通过写日记、与信任的朋友交谈或参与艺术创作等方式表达和处理这些情绪。这有助于自己从情绪上得到缓解，并逐步接受现实。

2. 转变视角

尝试从不同的角度看待错过的事情。每一次错过都可以视为一个学习和成长的机会。例如，如果你错过了一个工作机会，那么这可能是一个反思自己职业目标和发展方向的时刻。通过积极思考，你可以发现新的可能性，并将注意力转移到未来可以把握的机会上。

3. 制订行动计划

焦虑往往源于对未知的恐惧和对控制的需求。制订一个明确的行动计划，可以帮助你感到更有控制感。计划应包括具体的步骤，如设定新的目标、学习新技能或改善现有的策略。当你开始实施这些步骤时，焦虑感通常会因为你采取了积极行动而减轻。

通过这些方法，你不仅能够处理因错过而产生的焦虑，还能够促进个人的成长和发展。记住，每个人都会经历错过，重要的是如何从中恢复并向前看。

不要只盯着自己缺少的，多看看自己拥有的

千万不要看见别人发光，就觉得自己暗淡。

他强任他强，清风拂山岗。

爱迪生曾说过：“生活的美好不在于从未跌倒，而在于每次跌倒后都勇敢站起。”这句话提醒我们，尽管生活中有焦虑和挑战，但它也充满了机会和可能性。每一次克服困难，都是我们学习和成长的宝贵经历。抛开焦虑，我们可以看到生活的积极面，并从中汲取力量。

你不能延长生命的长度，但你可以拓宽它的宽度；你不能改变天气，但你可以左右自己的心情；你不能控制环境，但你可以调整自己的心态。我们的生活并不是一无是处，抛开焦虑的一面，换个角度，换种心情，换种活法。

王云是个平凡的女人，她性格内向，不善言谈，穿着朴素。她有一手好厨艺，有一个踏实的老公和一个争气的儿子。在单位里，很多女同事都羡慕她。然而，王云自己却不觉得幸福，她的内心总是很焦虑，时常还感到悲伤、抑郁。

一天，王云和好朋友杨敏闲聊诉苦道：“老公虽然对我不错，但他来自农村，家里条件也不好，工作也不太好。儿子虽然考上了名牌大学，但学费也高，每年都为给孩子凑学费发愁。生活本来就拮据，现在更是

什么都舍不得买了。现在房价这么高，以后孩子毕业，到谈婚论嫁时，我们拿什么给他买婚房啊……”

杨敏听完王云的诉苦，耐心相劝道：“你干吗这么悲观，你现在所悲伤的事，是根本没有发生的，这不是杞人忧天吗？你不妨换个角度来看，你老公对你这么专一，虽然钱挣得不多，但不会乱花钱。你儿子考上了名牌大学，虽然学费贵，但毕业以后就业不成问题，而且一定会找到一个好的工作，到时候他会挣更多的钱来报答你们的养育之恩，哪儿还用得着你们为他的以后考虑。你们现在挣的虽然比有钱人差远了，但也比很多人强啊，每个月都有工资，还有工作，这不就是很美好的生活吗？”

王云听了杨敏的劝告，脸上露出了会心的微笑，她感觉一下子轻松了很多。

生活中明明遭遇同样的不顺心的事，有些人能够坦然对待，依然保持一个快乐的心情，有些人却整日觉得焦虑、郁郁寡欢，钻情绪的牛角尖。这就是以不同的角度看待问题的结果，能够换个角度看问题的人，痛苦再大，也会以“塞翁失马，焉知非福”的态度来看待不幸。

换一个角度，发挥逆向思维，在迈出困境的同时，也许就获得了柳暗花明的改变，那时你会觉得原来一切都没有想象中那么难。什么难题在你这里都不是问题，人生如此，该是何等洒脱、何等惬意。

给生活在负面情绪里的人一些建议：

1. 让自己的心淡泊一点

让自己的内心淡泊一些，不要总是想付出了很多，回报却很少。把这些得失的心态看淡一些，让自己内心平和一些。看事情可以换个角度，从其他角度看问题，很多是非荣辱就都会成为过眼云烟，你就能很好地控制自己的情绪了。

2. 希望要时刻留在心里

要知道，每一个明天都是希望，无论自己身陷怎样的逆境，都不应该感到绝望，我们还有许多个明天。只要未来有希望，人的意志就不容易被摧垮，前途比现实重要，希望比现在重要，人生不能没有希望。

常常转动脑筋，你才能足够聪明，否则，就会固守思想，缺乏灵活思维。一个人不善于思考，就无法想出更好的方法，找不到更宽的路子。思路一变难题解，思路一变天地宽。智慧往往有着点石成金的作用。

真正的成功，会在放下执着后自然而然地到来

外界的声音都是参考，不开心就不参考，人生是自娱自乐，讨自己欢心才是大智慧。

有位哲人曾说过："追求得越是热切，失去的可能越大。真正的成功，会在放下执着后自然而然地到来。"这句话强调了一种生活哲学：有时候，过分强求某件事物反而会使其更加遥不可及。当我们学会放下过度的渴望时，生活往往会在不经意间赐予我们想要的东西。这是一种顺其自然的智慧，也是对成功的深刻理解。

就像老庄的哲学，是一种顺其自然的智慧，也是对成功的深刻理解。这和墨菲定律不谋而合，同时这个定律也告诉我们：你越是想要努力得到，最后可能越是无法得到。

我们来举个例子：一个人在二十几岁时可以无所顾忌地跳槽，可能是因为他还没有自己的人生定位；在三十几岁时选择放弃已经获得的成功，重新开始新的事业与生活，那必定要有坚忍不拔的勇气与毅力。

于蓝 2000 年从一所大学的法律专业毕业，这一年的就业政策是，分配回来的学生都要到企业锻炼一年。就这样，她被分配到了一家工厂，做起了钳工。那时的她坚信，改变命运的方法就是考律师证。

最终，她拿到了律师资格证书，也因此顺理成章地成为一名律师。

在从事律师工作近三年后，她遇到一位来自香港的老板，其人格魅力对她的性格产生了潜移默化的影响。更重要的是，这位老板给了她一个舞台让她去充分施展，于蓝从此又成了一名销售人员。

其中的得失可谓一目了然。但是，于蓝完全适应了新的挑战。在销售工作中，她最大的感受就是：既然改变不了客户，就只有不断地提升自己。

五年后，她获得了人生的第一桶金：能力的积累，经验的积累，人际关系的积累，以及一些原始资金的积累。不仅如此，在做销售工作期间，公司发展迅速，但是公司的培训总是跟不上。因此，每次到总公司培训完之后，回到自己的岗位，她又会照葫芦画瓢地做公司内部的培训。

她将自己培训时听来的东西和自己实际中遇到的问题结合起来，再用自己的语言讲述出来。她发现每次讲完之后，反响非常好，大家改变也很大，业绩也随之蒸蒸日上，因为她讲的完全是从实践中得到的经验。慢慢地，她发现自己在讲台上非常有感觉，那种状态就是：无论心情好坏，身体是否舒服，只要一站在讲台上，就会特别投入，神采奕奕。

就这样，她放弃了从事五年的销售工作，选择做一名专业的培训师。

在面对每一次选择和放弃之际，她的内心一定不平静，肯定经历了权衡得失的焦虑。所幸的是，她承受住了因失去一些东西而带来的焦虑，才有了在未来的领域中获得更大成功的可能性。

尽管如此，大多数人还是不肯放弃——为一个放弃了也不会损失什么的工作而纠结；为一个不爱你的人而痛不欲生；甚至舍不得放弃自己的惆怅和忧郁。

也许他们在思考：什么该放弃，什么不该放弃呢？殊不知，为了那些不能放弃的东西，人们却放弃了生命中最重要的事情。诸如：工作狂父亲为了成就感与责任感，放弃孩子们的童年；某人为了爱情而放弃了自己生命可能挖掘的深度；恋人们为一时的斤斤计较和面子之争放弃了爱情……

无可选择的人生是无奈的，无从选择的人生则是可悲的。虽然失去是痛的，但人生不就是在经历一阵阵痛后才逐渐圆满的吗?

必须明白这样一个道理：选择和放弃是道单选题，只有 A 或 B，没有 AB。

这样一个浅显的道理，会给每个站在“是选择，还是放弃”关口的人平添很多焦虑：选择越多，失去也越多，后悔也越多，痛苦也越多，就像泰伦斯所描绘的“我周围都是洞，到处都在不断地流失”的状态。

越是强烈渴望某样东西，就越容易因为过度关注而导致无法实现目标。

帮你化解选择引起焦虑的三种方法：

1. 重新定义成功

将目标设定为可控制的行为而非最终结果。例如，如果一个人想要减肥，那么他可以将成功定义为每周进行五次运动，而不是只关注体重的减少。这样，即使体重减少不如预期，他仍然可以因为坚持运动而感到满足。

2. 分散注意力

将注意力转移到其他活动上，可以减少对目标的过度关注。这可以通过培养新的爱好、学习新技能或者与朋友和家人共度时光来实现。当人们的注意力分散在多个方面时，他们对任何单一目标的执着就会减少，从而会降低因过度追求而失败的风险。

3. 接受不确定性

学会接受不是所有事情都能如愿以偿是重要的心理调整。通过接受这一点，人们可以减少对结果的焦虑，从而更加从容地面对挑战。这不是说要放弃努力，而是要认识到努力可能不总直接导致成功，而成功本身也有多种形式。

这三种方法都是帮助人们减少对结果的过度关注，从而提高实现目标的可能性。通过重新定义成功、分散注意力和接受不确定性，人们可以更加健康地追求自己的目标，同时保持心理的平衡和幸福感。这种心态的转变不仅有助于减少压力，还能增加在生活中发现意外惊喜的机会。当我们不再将所有的精力集中在一个固定的结果上时，我们就为自己打开了更多的可能性，也许会发现一些之前未曾注意到的新路径和机会。这种开放和灵活的态度是应对生活中不可预测性的关键，也是实现长期幸福和满足感的基础。

失去的东西，其实从未真正属于你

失去不应成为我们恐惧的阴影，而是教会我们更珍惜所拥有的光明。

我们知道，在得到某件东西或某项成就之后，难免有喜悦之情涌上心头；当失去某件东西或某项成绩时，就会陷入焦虑之中。成则喜，败则忧，这是人之常情，任何人都不可避免。

我们也知道，有成就必然有败，有得就必然有失。一个人在成功和得到时可以纵情欢乐，在失败和失去时却很少能够将悲伤情绪合理排遣掉，这也就是我们看到一些人在股市崩盘之后选择轻生的原因了。

《大腕》这部电影讲述的是北京青年尤优为国际大导演泰勒承办葬礼的故事。因缘际会，尤优认识了国际名导演泰勒，并对身体每况愈下的泰勒作出承诺，替泰勒举办一场别开生面的葬礼。

为了把葬礼办好，尤优找到好友路易·王。在路易·王的策划下，两人将泰勒的葬礼彻底办成了一场捞钱的表演。但在葬礼即将举办，两人即将成为百万富翁之际，却得到了泰勒病情好转的消息。尤优为此躲进了精神病院，路易·王更是因受不了这心理落差，一下子疯了。

剧中人终归是表演，但道理却很现实。我们的生活中充满了赢得起输不起的人，这些人在成功时不懂得收敛以至于纵情声色，到失败之后又不懂得调节心绪从而长时间处于焦虑之中。这样的人即便一时成功了，也不可能保护好自己的成就。那何不尝试逆向思考一下，把失去的当作不要的，或视为本来就不属于你的！这样，对于已经错过或失去的，就会看淡很多，就不会产生焦虑情绪了。

有个老人坐火车，不慎将刚买的皮手套掉到窗外。正当周围人为他感到惋惜时，老人出人意料地将另外一只也从窗口扔了下去。老人解释说："这一只手套无论多么昂贵，对我而言已毫无用处了，如果有谁能捡到一双手套，说不定他还能戴呢！"

的确，失去的已经失去，何必为之大惊小怪或耿耿于怀呢？懊悔、痛惜都不能让失去的东西回来，也不能感动上苍，后悔和计较只会加重悲伤，甚至还会让人失去更多。泰戈尔有句诗："如果你因为失去月亮而哭泣，那么你也将失去群星。"既然这样，最明智的做法是接受现实。

换一种角度来思索失去与得到，不难发现，失去是一种滋味，失去固然令人心痛，但不见得都是坏事。想想看，谁能保证那些失去的就是最好的、最适合你的？谁能保证那本就是属于你的？亦舒说："失去的东西，其实从未真正属于你，也不必惋惜。"难道不是吗？人常说，"命里有时终须有，命里无时莫强求"。有些东西不属于你，就是你抢也抢不来；有些东西注定是你的，你躲也躲不了。

《庄子》里面有一句话——"得而不喜，失而不忧"。得到了不必狂喜、狂欢，失去了也不必耿耿于怀、忧愁哀伤。无论是得是失，永远保持一颗淡定超然的心，也只有如此，才可以称得上是一个做大事的人，才有可能享受上天赐予的成功人生。

得而不喜，失而不忧，这是一种非常高的人生境界。拥有如此人生境界的人，相信无论是处于铁瓦金銮的朝堂，还是处于茅顶土坯的江湖，都能够泰然处之。古代著名的医学家李时珍就是这样的人。

李时珍，蕲州（今湖北省蕲春县）人，明武宗正德年间生，因为家中世代行医，李时珍从小就奠定了良好的医学基础。后来李时珍去到皇宫成了一名太医。在太医院，李时珍见到了人世间最富贵繁华的景象，接触了人世间最显赫高贵的人，然而这一切却并没有令他沉醉，他明白自己要的是什么——成为一名好医生。

后在因缘际会之下，李时珍离开了皇宫。在离开皇宫之后，李时珍仍然可以过富贵的生活，然而他没有那样做。他选择深入民间，到那些最贫苦的人当中救死扶伤。从朝堂到民间，从太医到乡土郎中，李时珍没有任何的不快，仍然一心一意地对待每一个病人，刻苦钻研每一味药方，亲自尝试每一种草药。

几十年如一日的坚持，终于让李时珍实现了自己的抱负，他编撰了中国历史上最伟大的一本医书——《本草纲目》，并因此载入史册为后世所敬仰。

当今社会，像李时珍这样看淡得失的人已经越来越少了，正因如此，当今这个社会算得上成功的人也越来越少。大多数人都把自己的快乐和忧愁建立在得失之上，得到了就非常高兴，一旦失去就过分忧虑，甚至为了少失去多得到不惜牺牲自己的道德和尊严。

人之所以会那么重视自己的得失，是因为我们已经将人生是否成功，完全与物质的得失等同起来。比如说，租房子住的人觉得有房子住的人比自己幸福，有房子住的人觉得住别墅的人比自己幸福，住别墅的人也觉得别人比自己幸福。就是这样，每个人都感觉自己是不幸福的。因此，每个人都拼命地去争取更多的东西，让自己的生活更加“幸福”。然而，物质的增加永远都不会让我们的心灵得到满足，反而会让我们受到负累。

一个没有什么财富的人，过着简简单单的生活，其人生未必不快乐、不充实。当有一天他中了百万大奖，一夜之间就暴富了。有了钱之后，自然就要想怎么去花，一下子，他的欲望之门就被打开了。他不再精打细算地过日子，整天为去哪些高消费的餐厅发愁；他不再为每天上班几点出发才能赶上公交车而发愁，干脆直接买了一辆轿车。可以说，他的生活完全改变了。

不久之后，由于过于膨胀的欲望，他中奖的钱被挥霍一空，当他再次过起贫穷的日子，心却再也感受不到以前那种简单的快乐了。他吃过了山珍海味，就不想再吃萝卜白菜了；坐惯了轿车，就不想再挤公交车了。山珍海味和轿车毕竟已经成为过去，他只能陷入现实的苦恼中无法自拔。

面对失去，我们可以采取以下三种方法来化解：

1. 接受现实并释放情绪

接受失去是生活不可避免的一部分。无论是失去一个人、一个机会，还是一个物品，我们都需要承认这一现实，并允许自己感受到相关的情感。哀伤、愤怒或失望都是正常的反应。通过写日记、与朋友交谈或参加支持小组，我们可以表达和处理这些情感，而不是让它们积压在心中。

2. 寻找新的意义与方向

失去往往迫使我们重新评估生活的意义和方向。这可以成为一个转机，让我们发现新的兴趣、建立新的关系或追求新的目标。例如，失去工作可能会激发我们追求梦想中的职业，或者失去一段关系可能会让我们有机会自我提升和成长。

3. 培养感恩与正念冥想

培养感恩的态度可以帮助我们专注于生活中仍然拥有的美好事物。每天花时间思考并感谢那些仍然存在的人和事，可以提升我们的情绪和生活满意度。同时，练习正念冥想可以帮助我们活在当下，减少对过去的执着和对未来的担忧。

通过这些方法，我们可以更好地应对失去带来的焦虑，将其转化为个人成长和发展的机会。

人就这一辈子，何不让自己活得开心一点

人生苦短，没有时间去争吵、伤心、焦虑、抑郁，我们只有时间去爱，去生活，去享受，活在当下最重要！

玛雅·安吉洛曾说:“无论是阳光普照，还是暴风骤雨，时间的车轮滚滚向前。我们的心情不能改变一天的长度，但却能决定一天的色彩。”这句话提醒我们，无论遇到什么，时间都是公平的，而我们的态度则塑造了我们的日常体验。

一个人的时间是有限的，只有一辈子。或许你会觉得一生太短了，不够实现你的梦想。但从古至今，那些妄想千秋万代的帝王，没有谁能逃脱帝国兴衰、王朝更迭的命运，最终湮没于历史的长河中。在星辰的运转中，一个人的一生更显渺小。

人就这么一辈子，开心也是一天，焦虑也是一天。昨天不可追，明天也将变成昨天，过了今天就不会再有另一个今天。做错事不可以重来，一分一秒都不能再回头，你能做的，唯有珍惜眼前，过好每一刻。痛苦和焦虑也挽救不了过错，自怨自艾更不能改变事实，碎了的心难再愈合，倒不如淡然面对、放宽心态，无论悲喜，全身心地享受无法复制的今天。

给自己一个好心情，这是人生不能被剥夺的财富。如果你还在为昨天的失意而懊悔，为今天的失落而烦恼，为明天的得失而忧愁，好心情将会离你而去。幸与不幸的人生，终究会殊途同归。你春风得意抑或焦虑不安，

你所拥有的生命长度，不会有丝毫改变。心态好，心情才会好。做真实的自己，按自己的意愿去生活，你总归拥有了这一辈子。

富奶奶与穷奶奶成了邻居。富奶奶所居住的是一栋装潢华丽的洋楼，在洋楼对面的不远处，有一间普通的红色砖房，穷奶奶住在里面。每天早上，富奶奶都会到附近的公园去散步健身，在去的途中她会碰到去市场卖菜的穷奶奶。每次穷奶奶会主动笑着向她打招呼。富奶奶几乎每次看到穷奶奶时，穷奶奶总是面带笑容，富奶奶不明白有什么事值得穷奶奶开心。在富奶奶看来，穷奶奶穿着简朴，一大把年纪了还要靠自己种菜卖菜以赚取生活费，她不是应该感到累而不快乐吗？富奶奶看到过穷奶奶的一儿一女，他们平常在外地工作，逢年过节才会回家小住。平时一个人居住的穷奶奶不感到孤独吗？

尽管每天去锻炼身体，富奶奶的身体还是比较虚弱。虽然大病没有，但小病不断。富奶奶又生病了，这次比较严重，住了一周院。在富奶奶出院后，穷奶奶听说了这个消息，便带着自家种的新鲜瓜果前来看望她。两个老人聊了很久，富奶奶忍不住道出了自己的诸多疑惑。穷奶奶笑着一一解答。

穷奶奶的日子是清贫的，但她很满意这种生活。儿女也很孝顺，每月会给她足够的赡养费，只不过穷奶奶身子骨很健朗，她喜欢自己种些蔬菜瓜果，然后拿到市场上去卖，再换取其他的生活用品。穷奶奶很珍惜这种自给自足的日子，也养了鸡鸭以及猫狗等小动物，在劳作中也就不会感到日子无聊。富奶奶最后问道，为什么每次穷奶奶看起来都很高兴呢？穷奶奶没有直接回答她，而是反问道，那为什么要不开心呢？

看着仍旧笑着的穷奶奶，富奶奶陷入了沉思。她只有一个儿子，儿子有稳定的工作，并一直陪伴在她左右。可她总是担心儿子工作太忙，会顾不上吃饭，不能照顾好自己，又担心儿子公司的事情会太多，压力会太大，对身体不好。富奶奶总是不由自主地想到这些，老伴劝慰她，可她还是整天焦虑不已，身体自然忧思成疾。

富奶奶把自己的苦恼告诉了穷奶奶，穷奶奶又问她，你儿子那么能干，你为什么不觉得工作对于他来说是轻而易举的事？至于照顾自己，他已经是成年人了，为什么不能照顾好自己？

被穷奶奶开导一番，富奶奶想通了，心情也渐渐变得开朗起来，生病的次数也减少了，笑容也爬上了富奶奶的脸庞。她始终记得穷奶奶最后说的那句话——人就这一辈子，何不让自己开心点？

如果用具体的时间来衡量人的一生，不过几百个月，一个月过去了，便少了一个月。过了今天就不会再有另一个今天，即使你感到焦虑或后悔，也回不到昨天。只有有意义地过每一天，才能拓宽生命的宽度，不虚度此生。

面对生活中的起伏，这样来调控情绪波动：

1. 自我觉察与情绪调节

了解自己的情绪是管理情绪的第一步。当我们感到焦虑或过度兴奋时，可以尝试深呼吸、冥想或做瑜伽等放松技巧来平复心情。这些方法有助于我们从情绪中退一步，以更客观的视角观察自己的感受，从而更好地控制情绪而不是被情绪控制。

2. 积极心理建设

积极心理学提倡通过培养乐观、感恩和同理心等积极心态来提升个人的幸福感。例如，我们可以通过写下三件当天发生的好事来练习感恩，或者尝试站在他人的角度思考问题来培养同理心。这些习惯有助于我们在面对挑战时保持积极和乐观的心态。

3. 社交支持与分享

与他人分享我们的感受和经历可以显著减轻我们的心理负担。无论是与亲友交谈、参加社交活动，还是加入兴趣小组，社交互动都能提供情感支持和新的视角。通过社交，我们不仅能得到他人的理解和帮助，也能从他人的经验中学习如何更好地处理情绪。

通过这些方法，我们可以更好地管理自己的情绪，无论是焦虑还是快乐，都能以更健康的方式度过每一天。

无论贫穷富贵，让自己学会享受生活

有钱把日子过好，没钱把心情过好。时间扑面而来，我们终将释怀。

健康地活着，平静地过着，开心地笑着，适当地忙着，就很好！

诗人巴尔蒙特曾说：“为了看看阳光，我来到世上。”大自然是天生的艺术家，连绵的青山、波澜壮阔的大海、一望无际的草原，都足以让你陶醉其中。享受大自然的美好，永远把这份美好珍藏起来。

在现代快节奏的生活中，每个人都加快了步伐，为了生计抑或是梦想，拼命向前跑。为了过上想要的生活，人们总把自己的神经绷得很紧，似乎除了追赶的那个目标，周围的一切都可以忽略、无视。整天在焦虑和匆忙中度过，甚至在忙碌中忘了快乐与自己。

的确，想要取得更大的成就与辉煌，你必须付出加倍的努力。你想来一场向往已久的旅行，却因没有时间或没有钱而不能实践。仿佛鱼和熊掌，总是难以兼得。当自己有了钱也有了闲暇时间的时候，恐怕已经韶华不再，步入老年了。那时候的精力体力，则不允许你远行了。

其实，钱少有钱少的玩法，可以跟朋友自助游，选择去不需要花钱的地方领略风光；时间不够的话，可以选择近一点的地方，带上自己的家人，度过愉快的假期。如果你总是焦虑并感叹，有时间没钱，有钱没时间，那只能说明一个问题：你不会品味生活。而只有会品味生活，才能感受到生活中的温情，欣赏到道路旁花草的清新和芬芳，体会到冷暖于四季中轮回。

你可以为了理想去拼搏，但不能一直让自己处于奔跑中。在忙碌之余，放慢自己的步伐，给自己留出释放的时间，给自己一点自由思考的时间，不忽略沿途的风景，感受大自然的静谧与宁静，获得一份高远和清新。

李梅梅觉得自己的人生像一杯温开水，平平淡淡。她是一名教师，从毕业到如今，在教师这个岗位上已有二十余年。李梅梅并非喜欢教师这一行业，只是因为她不知道自己喜欢什么，就按照父母对她人生的规划生活着。在李梅梅工作两年后，父母认为她应该嫁人了，于是李梅梅便通过相亲认识了现在的丈夫，半年后两人结婚了，然后就是生孩子。

四十多岁的李梅梅每当回想往事，就觉得自己前半辈子只做了三件事，那就是读书、工作、嫁人，她觉得自己后半辈子应该也就这样一成不变地过下去了。相比较身边的同龄人，李梅梅的模样绝对称不上老，可她觉得自己已经老了，心老了。面对每天的循规蹈矩，李梅梅都预料得到自己明天的生活，后天的生活，一年后、几年后的生活。没有任何改变，没有任何激情，千篇一律。李梅梅也曾想要有所改变，可当她尝试插花、刺绣、看电视等活动时，仍旧没什么兴趣。

退休后的李梅梅负责带孙子，但新生命的来临并没有给作为奶奶的李梅梅带来太多欢喜。李梅梅越来越习惯一个人发呆，思维与行动变得迟缓，渐渐地，一种了无生趣的念头占据了李梅梅的脑海。待家人发现李梅梅这种行尸走肉的状态时，李梅梅的情况已经很严重了。医生诊断了李梅梅的病情，李梅梅确诊为阿尔茨海默病早期。对于患上疾病，李梅梅也没有表现出惊讶抑或是恐惧，她平静地接受了治疗。只是，李梅梅的症状并没有好转，反而越来越严重，家人明显感觉到李梅梅对生活乐趣的缺失。对于李梅梅的这种状态，家人想尽了一切办法，无论是药物治疗还是心理治疗，都没有什么起色。

迷上摄影对于李梅梅来说是非常偶然的一件事。当李梅梅看到镜头捕捉到的大自然的鲜活画面时，一种新生的感觉从心底萌芽，开出花来。李梅梅买了一台相机，在说服家人后，独自上路了。她把自己交给了大自然，沉醉于大自然的一花一叶、一草一木，全身心地投入大自然的怀抱。半年后李梅梅回了一趟家，家人诧异于浑身充满活力的她，并为她的重生感到由衷的高兴。以后的日子里，李梅梅每隔一段时间就会出去，走向大自然，让身心得到放松，感受大自然赋予她的温暖与欢欣。

给自己留时间去休息与调节，日子才不至于过得忙碌而焦虑。时间是自己给的，轻松也是自己给的，即使生活充满琐碎和繁杂的事，累了时，就应该放慢脚步，放松自己，让心灵得到缓冲。用心感受这个世界的存在，你会发现人生中有很多东西值得我们静下心来细细品赏。

在现代社会的快节奏中，焦虑和匆忙成了许多人的常态，这往往使我们忽略了生活中的快乐和与自己的内在对话。

为了减轻焦虑和匆忙感，你可以这么做：

1. 时间管理

合理安排时间是减轻焦虑和匆忙感的关键。可以通过制订清晰的日程计划来管理时间，确保每天有一定的休息和娱乐时间。例如，使用某些时间记录软件来规划工作和休息，确保工作之余有时间进行散步、阅读或其他放松活动。

2. 自我反思

定期进行自我反思可以帮助我们理解自己的内心世界，识别和处理导致焦虑的根源。可以通过写日记、与信任的朋友交谈或寻求专业咨询来进行自我反思。这种方法有助于我们更好地了解自己的需求和情感，从而找到更多的快乐。

通过这些方法，我们可以更好地管理自己的时间，提高当下的意识，并增进对自己的理解。这不仅能够减少焦虑和匆忙带来的压力，还能够帮助我们重新发现生活中的快乐和与自己和谐相处的方式。最终，这些方法将引导我们走向更加平衡和满足的生活。

你是世界上独一无二的，要有打破流俗的勇气

听世俗的耳语，去看喜欢的风景，尊重所有声音，但只成为自己。

安妮·弗兰克说："真正的成功，不在于赢得世界的掌声，而在于找到自己的生活方式。"这句名言强调了个人选择和自我认同的重要性。成功的关键在于发现和追求对自己真正有意义的事物，而不是盲目追求他人的认可。

每个人在社会或生活中总想追寻最好的，甚至常常在追寻时陷入焦虑的情绪之中。换个角度想：当你追求最好的同时，它也就离你而去了。世界上所有最好的，都是最适合自己的。你妄想去获得别人认为最好的，就会忽略最适合自己的。

每个人在社会中都有自己的角色，都有适合自己干的工作和任务，从事不适合的工作可能会让你得不偿失，毫无建树。

很久以前，有一只乌鸦非常羡慕在高空中翱翔的老鹰，很想像老鹰一样来一个漂亮的俯冲，抓住草地上的小羊。于是，乌鸦天天模仿老鹰的动作拼命练习。过了很多天，乌鸦觉得自己已经练得很棒了，就从树上猛地冲下来，扑到一只小羊的背上，想完成老鹰那样完美的动作。但是，由于乌鸦的身子太轻，落到了小羊的背上后，爪子不小心被小羊身上的毛缠住了，它拼命地拍打翅膀，想要从小羊的背上逃脱，却都失败

了。前来赶羊的牧羊人看见了，就把乌鸦抓了去。乌鸦不但没能像老鹰那样抓住小羊，反而把自己的性命交到了牧羊人的手里，乌鸦的盲目模仿最终酿成了一场悲剧。

只要有常识的人都知道，俯冲抓羊的动作适合老鹰，却不适合乌鸦。这只可怜的乌鸦却以为自己能成为一只像老鹰一样的乌鸦，简直荒唐可笑。在一笑而过后，你是否有那么几秒钟的顿悟，是不是也在这只乌鸦身上看到了某个时候自己的影子？曾几何时，你是不是也像这只乌鸦一样，看到别人的光鲜，就盲目地跟从，做了一些不适合自己的事呢？

就像人在买鞋、买衣服时，36 码的脚就只能穿 36 码的鞋，身材高大就无法穿小号的衣服。一定要最适合自己的尺码才最舒适。即使再昂贵、再精致的东西，不合适你，也只能当作摆设，它本身的价值也就得不到体现。

如果一个人总是在将就与勉强中度日，将是一件多么焦虑而痛苦的事。你选择了不适合自己的路，这就像穿上了不合脚的鞋走路一般，将会异常艰辛，甚至让自己陷入无法自拔的沼泽。

适合，对我们来说太重要了。在感情中，我们要找到适合的伴侣，这样才有一起营造幸福的激情；事业中，要找到适合的工作，这样才有奋发向上的动力；生活中，要找到适合的人生方向，这样短暂的一生才不会遗憾重重。

很多时候，也许你的适合得不到身边人的理解，甚至会遭到强烈的反对。可你若觉得那是最适合你的，就一定要坚持，只有坚持，才能让时间证明你是正确的。你要是因为得不到认可就委屈放弃，最后一定不会只是遗憾那么简单。能对自己的人生负责的只有自己，除了自己，没有人会为你的错误买单，连最亲近的人也不能，我们在听取别人意见的同时更应该问问自己，这适合我吗？当然，你坚持自己的选择的前提是：这必须是你经过深思熟虑后确定适合自己的。

李晨辉在政府部门工作了好几年，最后却辞职了，自己开起了小吃店。他放弃令所有人羡慕的公务员工作，不仅让周围的人吃惊不已，更是遭到了家里人的强烈反对，他父亲甚至以断绝父子关系相要挟。

李晨辉为这个很苦恼，他和他父亲谈道："我在单位里每天重复同样的工作，拿着固定的工资，生活没有一点激情。我觉得年轻人应该多闯多拼，我希望我能通过创业更快地成长，就算失败也无所谓，毕竟我还很年轻。"就这样他父亲才勉强同意。经过几年的磨炼，酸甜苦辣都尝尽的他变得比以前更成熟稳重了。看着颇有成就的儿子，他父亲欣慰地笑了。

很多人都已经认识到，适合自己的才是最好的。不要一味地邯郸学步，适合他人的不一定适合自己；也不要勉强自己去做自己根本无法做到的事情，那样有可能适得其反。只有找准适合自己的位置，你才能更加得心应手，取得更好的成绩。

给因为盲目模仿他人而陷入焦虑的人的建议：

1. 自我反思

首先，个人需要进行深入的自我反思，识别自己的独特性和优势。通过自我分析，可以明确自己的价值观、兴趣和目标，这有助于确定哪些他人的成功模式是可以借鉴的，哪些则可能不适合自己。自我反思还包括对自己过去尝试模仿他人而失败的经历进行回顾，从中学习教训，调整未来的行动方向。

2. 目标设定

在明确了自己的个性和需求后，下一步是设定符合自己实际情况的目标。这些目标应具体、可衡量、可达成、相关性强且具有时限性（SMART原则）。设定目标时，应考虑到个人的能力限制和资源，避免盲目追求他人的成就标准。同时，目标设定应具有弹性，能够根据个人成长和外部环境的变化进行适时调整。

3. 持续学习与适应变化

在实现个人目标的过程中，持续学习和适应变化是不可或缺的。这意味着要保持开放的心态，愿意接受新知识和新挑战。同时，也要学会从每次尝试中吸取经验，无论是成功还是失败。此外，适应性还包括对自己的期望进行管理，避免因短期内未能达到预期水平而感到沮丧。

通过上述三种方法，个人可以在尊重自己的前提下，有选择性地借鉴他人的成功经验，同时发展出适合自己的成长路径。这个过程需要更加注重个人的内在发展和长期价值，而不是一味地追求外在的成功标准。

人生一世，升沉不过一秋风，何必太执着

种自己的花，爱自己的宇宙。

没有销声匿迹，我在热爱生活。

美国作家马克·吐温有一句名言:“担忧是付出了不必要的精神代价。”这句话深刻地揭示了担忧的本质。担忧往往源于对未来的不确定和对失控情况的恐惧。然而，大多数担忧的情况最终并不会发生，因此担忧实际上是一种无效的情绪投资。马克·吐温的这句话提醒我们，担忧是一种选择，而非必然，我们可以选择更加积极和有益的方式来面对生活的挑战。

回想我们的生活中是否常有这样的事情:当你为某件事感到焦虑时，你觉得这样每天焦虑会疲惫不堪，应该忘记这件事情。可越想忘记它，那件事越是记忆清晰。你越想放下时，越容易被它牵绊住。人生中，我们总会掉进这个怪圈，会感觉到有一些事情牵绊着我们，也总是无法放下一些事情，很多的东西让我们看不开，使我们变得更加焦虑、心情沮丧。但是，只要换个角度思考一下就会发现，我们的人生中并没有多少事情是真正的麻烦，也没有什么事情真的可以让人手足无措，只要我们拥有一颗淡然的心，能够放下自己心里的执念，就没有什么事情能够牵绊住我们，也没有什么事情能够左右我们的情绪。

心诚则灵，放开执念会更轻松。很多时候，我们总是告诫自己遇到事情的时候要看开一些，然而有一句话说出了我们的真实情况，那就是“事

不关己，高高挂起；事若关己，内心则乱”。面对发生在他人身上的事情，我们尚能做个局外人，保持清醒的头脑；一旦事情发生在自己身上，那么自己曾经引以为傲的定力估计都会消失在九霄云外。这就是我们的执着，我们所谓的看得开，其实不是真正的看得开，真正的看得开是一种释怀，是发自心灵深处的放松。

很久以前，在非洲的一个国家，人们都是不穿鞋，赤着脚走路的。

国王有一次去一个偏僻的乡下，但是那里路面崎岖，十分难走，很多细碎的石子深深地刺痛了这位国王的脚板。于是国王回到王宫之后，颁布了一道命令，要把国内所有的道路都铺上牛皮，他觉得只有这样，自己的国民走在上面，才不会被崎岖的路面刺到脚板。自己是做了一件利国利民的好事。

可是国王忘记了土地有多么辽阔，这么多的道路，即便是把国内的牛全部杀光，也远远不够铺路所需的牛皮，而且花费的资金、人力、物力，更是难以想象。人们深知国王颁布了一道愚蠢的旨令，而且这件事情是非常难以做到的，但是没有人敢违抗命令，所有的人都敢怒不敢言。

但是，有一位聪明的大臣，这个时候便大胆地向国王提出了建议：“敬爱的国君！我们为什么要花费这么多的金钱、人力、物力和资源呢？何不用两小块牛皮包裹住脚，这样也节省了很多的资源呀！”国王听了之后觉得非常有理，十分高兴地收回了成命，采纳了这个建议。于是，后来便有了“皮鞋”。

改变世界过于异想天开，我们可以尝试从改变自己开始去适应世界。如果你现在正处于艰难环境中，你对现状不满，不要抱怨、不必焦虑，改变一下自己的想法和心态，努力去适应，去面对，一定很快便有转机。

古希腊的哲学家柏拉图曾经向弟子们称自己会移山术，于是弟子们纷纷去向柏拉图请教方法。柏拉图便说:“很简单，山若不过来，我就过去。”世间哪里有什么移山之术呢? 柏拉图是要向人们传达一个哲理: 你无法改变你的现状和你所处的环境时，便自我改变。这和“山不过来，我便过去”同属于一个道理。

在我们的生命中，很多时候我们都会执着于一件事情，对于我们无法得到的东西总是抱有不切实际的幻想; 有时候甚至为了得到那样东西，做到那件事情，弄得头破血流也执意而为，但最后的结局往往不尽如人意，在一无所获的情况下，反而白白地浪费掉了自己的努力或者青春。这是为什么? 为什么我们总是喜欢执着于那些东西，难道那些东西在我们的生命中真的无可替代吗? 不，说实话，有时候我们执着的并不是那些东西本身，而是那一颗已经陷入执念旋涡中的心。我们若能敞开自己的胸怀，放下那颗执着的心，我们的人生就不会有那么多的焦虑和悲伤，生命中也就不会充满难以驱散的迷茫，当然生活也就不会有那么大的压力、那么多的彷徨。

人生一世，升沉不过一秋风。升是指人生处在上升期，这个时候感到春风得意、意气风发是再自然不过的，只要你掌握好度，适当地表达这些情绪，就能够从中体会到自我价值的实现，得到一定的心理满足感; 沉则是指人生处在低谷期，这时长时间深陷在情绪低迷、自我否定之中，不仅不利于走出焦虑，更不利于今后的发展，想不开就走不出来，就不能够自我调节达到情绪的平衡，保证自身情绪的稳定性，那又怎么能去做好其他事情呢?

给因无法放下执念而焦虑的人的建议：

1. 接受现实

执念往往源于对现实的不接受，无法放下过去或对未来的过度期待。接受现实意味着认识到事物本身并不完美，生活中的挑战和困难是不可避免的。通过接受现实，我们可以减少对理想状态的执着，从而减轻焦虑感。这需要练习觉察自己的情绪和思维的能力，学会在面对不如意的情况时，保持平和的心态。

2. 学会放手

放手并不意味着放弃目标，而是指接受事物的本来面目和现实的限制。当你接受了事物可能不会按照你所期望的方式发展时，你就开始减少对结果的执着。这样做可以减轻内心的压力，让你更加专注于过程本身，享受其中的乐趣。

3. 培养感恩之心

每天花时间去感激生活中的美好事物，无论它们多么微小。当你开始专注于你所拥有的，而不是你所缺失的，你会发现自己对未能拥有的东西的执念自然而然地减少了。感恩能够帮助你重新评估你的价值观，让你意识到生活中真正重要的，往往是那些不需要努力追求的东西。

通过这三种方法，你可以逐渐学会放下那些无谓的执念，从而减少焦虑，提升生活的质量。记住，放下执念不是一蹴而就的，它需要时间和持续的努力。但只要你坚持下去，最终你会发现，生活会变得更加轻松和愉快。

第三章

安全感是宁静的港湾，让焦虑随风飘散

我们不是风筝，一直要被捆绑，

我们可以剪断困住我们的绳锁，飘向远方。

生活并不容易，好在我们并不脆弱。

希望你的底色一直是善良、真诚、勇敢。

争不过岁月，也跑不过时间，

唯有以自己喜欢的方式，过好每一个日出日落。

生活最美的状态就是人静，物简，心安！

很多时候，焦虑都是源自一个人自卑的内心，对自己缺乏自信，总觉得自己什么都不如人，又找不到方法去改变。这种心态造就了焦虑的心情。要想改变这种焦虑的心情，首先需要强大自我，你自身强大了，自卑感也就消失了。自卑的情绪没有了，因为自卑而产生的焦虑也就荡然无存了。

每个人的内心，都有焦虑的种子

每个人的花期不同，不必焦虑有人比你提前绽放。

不妨大胆点去生活，你期待的都在你前行的路上等着你。

王小波曾说：“焦虑是勇气的试金石。”这句话意味着焦虑不仅是人类情感的一部分，也是挑战自我、超越极限的机会。曾经有心理学家说，每个人的内心都像是一台正在放映的电视机，随时随地都在呈现出不同的画面，这些画面的画外音完全不同，有的声调平和宁静，有的如同疯狂的摇滚乐。这些声音和画面并非完全不可控，大多数情况下我们是声音和画面的主宰，决定了这一切的呈现。

不可否认，心理学家的描述非常精确到位，也很生动传神，然而我们的心理活动更加复杂微妙，每个人都是这个世界上独一无二的个体，也是这个世界上绝不雷同的小宇宙。

人人都有不安全感，有的人不安全感来自外界，有的人不安全感来自自己的内心。归根结底，不安全感还是人们内心的感受，常常使人感到紧张局促、焦虑烦躁，带给人不那么愉快甚至是痛苦的感受。

通常情况下，人们习惯于从外界或者他人身上寻找安全感，殊不知，正如人们常说的，最可靠的只有自己。安全感也是如此，唯有自己给予自己的安全感，才是最长久可靠的；否则，从他人身上得到安全感，我们会变得非常被动。一旦他人改变心意，我们就会彻底失去安全感，随之会变得焦虑，进而失去对生活的信心和希望。

我认识一个朋友，她不愿意穿过于暴露的衣服，害怕被树林里的树枝扎到皮肤，也不敢走进拥挤的人群，害怕别人碰到她的皮肤。她不敢穿裙子，甚至不敢用公共马桶。

她为自己这种不安的状态感到难过，因为这给她带来了很大的麻烦。由于不敢与他人有任何肢体接触，她无法交男朋友，无法随意地去旅行，甚至不想让母亲拥抱自己……这让她感到快要崩溃。

她也不知道自己是从什么时候开始出现这样的情况的，也许是在某一次，胳膊被玫瑰上的刺扎伤之后。总之，她陷入了惶恐不安之中。

人总是会情不自禁地想起很多让自己不安的事情，甚至为了绝少有可能发生的事情担忧不已。哪怕理智上知道这些不安和担忧无须存在，感情上却无法控制自己。当女儿比平日里回家的时间晚了很多，无法取得联系时，父母就会胡思乱想，甚至想到女儿已经遭遇不测。

在这种情绪下，父母很难静下心来冷静思考，只会陷入不安之中，觉得片刻的等待都难以继续下去。从这个角度而言，不安全感也来自过度焦虑，或者是普遍存在的焦虑感。

一般情况下，焦虑并非无缘无故地产生，而是针对某件具体的反常的事情。比起焦虑，不安全感出现的频率更高、时间更长，甚至会变成一种习惯性的心理状态。

缺乏安全感的人，既缺乏自信，也对他人缺乏信任，他们非常多疑，并且思想和行为上也渐渐会有所改变。诸如有些人在外出之后，总会怀疑自己没有锁好家门，没有关好水电，或者没有检查门窗是否关严。

实际上，他们早就已经把这一切都做好了，只是内心的不安，才令自己陷入焦虑之中，更不相信自己已经把一切做到完美。

化解内心不安的建议：

1. 建立安全的内在对话

内心的不安常常来自自我批评和负面自我对话。通过建立积极的内在对话，我们可以逐渐替换那些消极的自我认知。例如，当你发现自己在内心批评自己时，可以有意识地停下来，用更加温和和富有支持性的语言与自己对话。这可能包括肯定自己的努力、提醒自己过去的成功，或者对自己说“我做得足够好”。

2. 培养自我同情

自我同情是指在面对个人挫折和困难时，对自己表现出理解和关怀。研究表明，自我同情能够有效减少焦虑和抑郁的情绪。你可以通过练习如正念冥想、写日记或与信任的朋友交流来培养自我同情。当你学会对自己的不完美和面临的挑战保持一种接纳和理解的态度时，内心的不安感就会减轻。

3. 制订实际可行的行动计划

有时候，内心的不安源于对未来的不确定性或感觉无法控制生活中的事件。制订一个实际可行的行动计划，可以帮助你感到更有控制感和方向感。这个计划应该包括小步骤和具体目标，以及如何应对可能出现的挑战。当你开始按照计划行动时，你会发现自己对未来的担忧逐渐减少，因为你已经在积极地管理自己的生活。

通过这些方法，你可以逐步克服内心的不安，减少焦虑感。记住，这些方法需要时间和练习才能见效，所以请对自己有耐心，持续地练习这些策略。随着时间的推移，你会发现自己能够更加从容地面对生活中的不确定性和挑战。

能给你安全感的不是男人，而是你自己

我想要靠自己的力量立足在这个世界，有足够的影响力，有足够的钱，可以守护我想守护的人，可以在面对任何突如其来的灾难时，都不会被打倒。

香港情感作家张小娴说：“无论女人看起来想要什么，归根结底她要的是很多很多的爱跟很多很多的安全感。关键在于‘爱与安全感’到底从哪里来？有些人觉得来自男人、婚姻，但我始终认为希求他人，你注定会失望。有时候爱与安全感可以通过女人自己的努力来创造和收获。”

一直浸泡在他人的安全感中最不安全。你太依赖某个人，它会成为你的习惯，分别来临时，你失去的不是某个人，而是你精神的拐杖。

看过江苏卫视的相亲节目《非诚勿扰》的观众会发现，每次节目里出现频率最高的词就是“安全感”。最近，这个词似乎很流行，很多朋友都在朋友圈里抱怨自己很焦虑，没有安全感。前天我收到了一位网友发给我的微博私信，也是在谈论这个话题。

她写道：“以前跟男友的感情很好，后来他调动了工作，一直很忙，没有时间陪我，我又因为一些因素辞去了原来的工作，在家闲着。慢慢地我发现我变得越来越焦虑，越来越没有自信，总是喜欢胡思乱想，怕失去他，总是特别害怕。而且现在只要一说到这个问题就想哭，也跟男友说过好几次，他也理解我的感受，但是没办法，只能尽量抽出时间陪我，我也知道这样不好，会伤感情，每次对他发完牢骚后我都特别后悔，但是有时候又控制不住，就是心里面很没有安全感，很怕失去他，不知道该怎么办。好像每天都很焦虑，加上长期失眠，感觉整个人都快崩溃了。”

心理学上这样定义安全感：对可能出现的对身体或心理的危险或风险的预感，以及个体在应对处置时的有力感，主要表现为确定感和可控感。换言之，安全感是一种感觉、一种心理；是来自一方的表现所带给另一方的感觉；是一种让人可以放心、可以舒心、可以依靠、可以相信的感觉。

我们每个人来到这个世界上，为了摆脱孤独感，都在积极地寻求安全感，不过大多时候我们走错了方向。

很多女孩都和案例中的女孩一样，觉得只要找一个很爱很爱自己的人，就可以获得安全感了。但很快就发现，自己的情绪完全被对方控制。如果哪天，他体贴我，照顾我，送我礼物，我就会很开心很幸福；若是哪天照顾不周，我就一个人生闷气，对自己的处境焦虑不安，毫无安全感可言。

这都是错把目光放在了“外部”而不是“内部”所导致的结果。

有一段时间，我在网上认识了一位年轻漂亮又事业有成的女孩，她在一家外资企业工作，上班期间忙自不必说，下班了也还有各种推托不掉的应酬。虽然她的忙碌让她少有时间陪伴老公，但是她却觉得，自己无论如何都不会为了陪伴老公而放弃自己的工作。

我也替她担心：“你这样成天忙自己的事情，不陪你老公，你不怕他被人拐跑吗？”她说：“安全感不是男人给的，是自己把握的，爱情不是从属关系，恋爱中的女人也要有自己独立的生活。绝不能为爱他而不惜践踏自己的尊严、不惜牺牲自己的生活乐趣。无论多久没有与爱人见面，我也不会牺牲自己去取悦他。”

即便是在和老公的热恋时期，她也依旧和闺蜜们打得火热，完全没有“重色轻友”。同时她还维持着自己的爱好，给自己充分的自由独立的空间和时间。比如，她常常在咖啡馆里待半个小时，来一杯咖啡，再或者约几位知心好友聊聊闺房私密话。

她说过的一段话让我很感动：“生活里除了工作、爱情还有很多，我必须给自己一点时间让我自己回到真实的生活里。在除了男人之外的生活里，我似乎比和老公在一起更觉得有安全感。毕竟男人可能会背信弃义，可是我的爱好、我的事业永远不会背叛我。”

很多人尤其是女性，都希望在爱情、婚姻里寻觅一个拥有坚实的臂膀，能够给自己安全感的人。实际上，另一半并不能真正带给你安全感。谁也说不定哪一天山盟海誓成空，天长地久的诺言只是一片虚无。能给你安全感的不是男人，而是你自己。

给没有安全感的人的建议：

1. 自我肯定

建立安全感的首要步骤是自我肯定。这意味着要认识到自己的价值和能力，不依赖他人的评价。可以通过每日自我对话，强化自己的优点和成就，从而提升自信心和内在的安全感。

2. 情绪管理

学会识别和管理自己的情绪是提高安全感的关键。当负面情绪出现时，通过深呼吸、冥想或情绪释放的技巧来处理这些情绪。情绪管理能够帮助个体在面对压力和挑战时保持冷静，减少外界因素对内心平静的影响。

3. 心理弹性培养

心理弹性是指面对生活中的挑战和压力时，能够适应和恢复的能力。通过学习新技能，接受挑战，以及在逆境中寻找成长的机会，可以提高应对未来不确定性的能力，从而增强内在的安全感。

通过这三种方法，个人可以逐步建立起不依赖他人的安全感。自我肯定让我们认识到自己的价值，情绪管理能帮助我们保持内心的平静，而心理弹性的培养则使我们能够适应各种生活情境。这样的内在安全感是稳固的，因为它建立在个人的自我认知和能力，而不是外界的不稳定因素上。

你越是担心什么，就越会遇到什么

美国心理学家卡尔·荣格说：“我们所抵抗的，将会持续存在。”

放下抵抗和担忧，以更加开放和接纳的态度面对生活。

我们经常会遇到这样的时刻：越是担心什么就越会遇到什么。在面对一些重要的任务或者关系重大的事件的时候，上天仿佛是在跟人们对着干一样，越是怕出错，就越是出错。

可以仔细想一下，你今天有重要会议，想着上班千万别迟到时，往往会出现交通拥堵现象；你下周准备期末考试，想着千万别在考试前生病时，往往在临近考试前几天突然就会生病。这种事我们有句俗语——怕什么，来什么。

美国著名的气步枪选手马修·埃蒙斯就深受其扰。

在2004年的雅典奥运会赛场上，来自美国的射击选手马修·埃蒙斯前9枪打出了优异的成绩，人们认为只要他能正常发挥，就可以稳稳地将金牌收入囊中了。

可是意外偏偏就在这时发生了，马修·埃蒙斯竟然将子弹打到了隔壁选手的靶子上，而且是个10.6环。就这样，埃蒙斯丢了一块奥运金牌。

到了四年之后的北京奥运会上，埃蒙斯再次上演了这样的悲剧。在倒数第二轮领先第二名4环的情况下，他最后一枪又出现了严重失误，只打出了 4.4 环，于是埃蒙斯再次将金牌拱手让人。

当然，悲剧也不会因此而结束，到了 2012 年的伦敦奥运会，埃蒙斯再次在最后一枪出现失误，将已经唾手可得的银牌，送给了一位韩国选手。

美国斯坦福大学研究人员发现：人的大脑中的某一想象图像，会对人的神经系统进行刺激，使人将自己假设的情况作为真实情况，并会为之努力。

比如上文提到的埃蒙斯，在射击之前，他总是感到焦虑，担心自己射不出好成绩，于是他会一再告诉自己不要将子弹射偏，这时候他的大脑便会自然地形成一种子弹射偏的清晰图像。结果就像是玩笑一般，子弹会偏出靶心。

由此可见，在处理一些关系重大的事件时，要懂得放平心态，不要将失败的结果看得太过严重，不能让自己一直处于焦虑的状态。要换一种心态，想着失败一次又如何，大不了从头再来。

美国有一个青年名叫麦基，出身贫寒，也没接受过高等教育，但他凭着不凡的勇气来到了波士顿。

在波士顿，他结识了一位朋友名叫荷顿，与其合伙开了一家布店。后来，他爱上了荷顿的妹妹，却遭到了荷顿反对。因为在荷顿看来，麦基没有什么能耐，根本配不上自己的妹妹。最后，麦基只得带着荷顿的妹妹离开布店，重新开始他们的生活。

婚后，麦基自己开了一家经营针线和纽扣的小店。本以为能大赚一笔，结果生意非常惨淡。麦基从这次失败的经历中明白了，不仅要考虑客户的需求，还要考虑顾客购买的可能性——有谁会为买一个纽扣走很远的路呢？

在那之后，不甘心的麦基又先后开了两家布店，但结果都以失败收场。不过，他也从中明白了许多经营之道。比如，做生意要处理好从进货到销售过程中的各个环节，任何一种经营策略都要结合具体的环境才能发挥作用等。成长的代价总是惨痛的。几经波折之后，他几乎赔光所有积蓄。

就在这时，当年嫌他没有本事的荷顿却找上门来，并愿意提供资金让他东山再起。荷顿认为，麦基这些年虽然经历了很多失败，但也从失败中汲取了很多经验，增长了许多智慧，长了许多能耐。如今，麦基已经是一个合格的合伙人。

在荷顿的帮助下，麦基又开起了自己的商店，并在很短时间内开设了许多分店。十年之后，麦基的生意扩大了数十倍，他的公司成为全世界最大的百货公司之一。

成功者往往都是输得起的人，他们不是未曾被击倒过，而是在被击倒之后，仍能够坚定地站起身、向着前方勇敢地迈进。

美国诗人惠蒂尔说："从不获胜的人很少失败，从不攀登的人很少跌倒。"想赢就不要怕输，想收获人生的辉煌，就不要怕经历失败或是遭受打击。胜利固然值得骄傲，在拼搏中经受失败的人更值得尊重。只要你输得起，就一定有重新来过的机会。

克服对失败的恐惧，培养胜利心态的方法：

1. 转变对失败的看法

将失败视为学习和成长的机会，而不是一种耻辱或终点。每次失败都是获取宝贵经验、调整策略和增强能力的机会。通过分析失败的原因，我们可以发现自己的弱点并加以改进。例如，一个运动员在比赛中失利后，可以通过视频回放来分析技术上的不足，然后在训练中有针对性地加强。

2. 设定现实的目标和期望

确保你的目标既有挑战性，又是可达成的。过高的期望可能会导致不必要的压力和恐惧。通过设定短期和长期的目标，你可以逐步建立信心，并在实现每个小目标时获得正向反馈。例如，一个创业者可以将目标分解为可管理的部分，如完成商业计划、获得第一批客户、实现盈利等。

3. 培养心理韧性

心理韧性是指在面对困难和压力时保持积极态度的能力。这包括自我激励、保持乐观和从挫折中快速恢复。可以通过冥想、正念练习或与积极的人交往来增强心理韧性。例如，一个作家在面对出版社拒绝时，可以通过阅读其他成功作家的挫折故事来激励自己不放弃。

通过这些方法,你可以逐渐减少对失败的恐惧,更加自信地追求成功。记住，胜利不总是意味着第一名，它也可以是个人进步和成就的象征。敢于面对失败，才能走向胜利。

生气，是拿别人的错误惩罚自己

我渐渐明白，世间最令人厌恶的莫如一张生气的脸；

世间最下流的事莫如把生气的脸摆给旁人看，这比打骂还让人难受。

德国哲学家康德说:“生气，是拿别人的错误惩罚自己。”我们不要把宝贵的时光都浪费在对别人的埋怨和痛恨中，更不要因为别人的过错而让我们自己的生活变得狼狈不堪。

在生活中，我们难免会因为一些人口不择言或无礼之举而感到气愤；难免会因为一些人虚假的信息而变得焦虑；难免会因为一些人的污蔑、讥讽或背叛而感到痛苦和绝望。因为这些而影响到自己乐观的人生态度，甚至做出自我伤害的事，这是在拿别人的错误来惩罚自己。凡事需要退一步，看淡一点，不要对那些不必要的人或事耿耿于怀，因为快乐的生活是由我们自己掌握的。

我们经常会听到这样的抱怨:“这个人怎么这样，简直气死我了。”“这件事太让人堵心了，还让不让人活了。”“你听说那谁说的什么话了吗？因为他的话我最近焦虑得都睡不着了。”

产生如此强烈的不悦情绪，多半是别人做了让你不顺心的事。有的人遇到这样的情况，要么暗地里气得要命，要么干脆和对方大吵一架，要么哭哭啼啼万念俱灰，要么借酒消愁，用伤害自己身体的方式来“解气”。

做了错事，的确应该受到惩罚。可如果错在对方，为什么是你来替人受过呢？无论是伤心还是焦虑，对人的身心健康都极为不利，还有人用自我伤害的方式来为别人的过错买单，这实在是糊涂之举。

王丽丽本来是一个开朗乐观的女孩。在公司上班时，她认识了一个男孩。后来,两个人成为情侣。男孩的帅气和博学,让王丽丽深深地痴迷。

后来，男孩打算去其他城市发展，并希望王丽丽能够陪他一起。王丽丽的家人非常反对。他们对男孩并不放心，更何况一个女孩只身一人去一个陌生的城市，一旦有了差池，后果不堪设想。

对爱情的不舍使王丽丽做出了艰难决定。她辞掉了工作，不惜和家人断绝关系，最终陪着男孩一起走了。

到了新环境，王丽丽一时无法适应，没有找到合适的工作，只能每天在家里为男孩料理家务。随着时间流逝，两人的共同语言越来越少，感情也渐渐变得疏远起来。直到有一次，在男孩手机里发现了他与其他女孩暧昧的聊天记录，王丽丽的世界刹那间崩塌了。

骂过、喊过，吵过、闹过，央求过、威胁过，两个人最终还是分道扬镳。此时，王丽丽已经万念俱灰，没有收入，也没脸再回家面对父母，一个人在完全陌生的环境里无依无靠。

绝望的王丽丽走向了绝路，幸好被路过河边的几位好心人救了下来。至今，她仍然没有从感情失败的阴影中走出来。

王丽丽轻生的举动是否能改变现实，能让男孩回心转意或是受到应有的惩罚？答案是不能。

当我们因为别人的过错而愤怒或流泪时，我们摧毁的是自己的情绪，伤害的是自己的身体。如果因此做出一些冲动的事，还有可能受到法律的惩罚，甚至付出生命的代价。这样的自我牺牲毫无价值，因为这不可能换来对方的忏悔和改过自新。犯错之人总要受到相应的惩罚，只是时间早晚的事，但无论如何都轮不到你来替人受过。

其实，这都是我们在焦虑中自寻烦恼罢了。那些伤害我们的人，注定不会成为我们的爱人和知己，他们只是我们人生中不必去在意的匆匆过客。对于一些不值得的人，我们没必要对他们的劣迹太过计较，更不要和我们自己过不去。

我们不能把别人变成自己希望中的模样，但我们却可以好好地爱自己。幸福的生活是靠自己创造的，不是靠别人恩赐和施舍的。若是别人犯了错，冒犯了你，你完全可以从容淡定地一笑了之。

有一个人每天都要去住所附近的一个摊位买报纸。他总是面带微笑，彬彬有礼，“你好”“谢谢”之类的话随时挂在嘴边。不知道是因为自身涵养问题，还是生活着实不顺心，摊主从没有给过他积极的回应，总是很无礼地默不作声，或是将报纸随便扔到他手里。

有一次，一位朋友陪着他去买报纸，亲眼见证了摊主失礼的表现。于是愤愤不平地问：“这个人态度很差，是不是？”

“他每天都是如此，我已经习惯了。”他平静地回答道。

“那你为什么还对他那么客气，我恨不得给他一拳。”

他微笑着说：“我为什么要让他来决定我的行为呢？”

许多人之所以不快乐，大都因为他们的情绪总是被别人所左右。一个真正懂得快乐的人是不会让别人来掌控自己的生活的，更不会用别人的错误来惩罚自己。我们要把快乐掌握在自己手中，生活中需要关注的美好事物实在太多，偶尔碰到令人烦恼的人或事就应该绕道而行。

这样做能更好地处理生气的情绪：

1. 深呼吸和冷静下来

当我们感到愤怒时，我们的身体会进入“战斗或逃跑”的模式，这时候深呼吸可以帮助我们冷静下来。深呼吸能够减缓心跳，降低血压，让我们有机会从情绪反应中退一步，以更理性的态度处理问题。例如，可以尝试 4-7-8 呼吸法，即吸气 4 秒，屏气 7 秒，呼气 8 秒，重复几次。

2. 情绪表达与沟通

找一个信任的朋友或家人，表达我们为什么生气。通过言语表达情绪，我们可以更清楚地理解自己的感受，并且可能从对方那里得到不同的视角或建议。沟通也是解决误会和冲突的关键，它可以帮助我们解释自己的立场，同时理解他人的立场，从而找到解决问题的方法。

3. 转移注意力与积极思考

当我们无法立即解决让我们生气的问题时，转移注意力是一种缓解情绪的方法。我们可以通过做运动、看电影、阅读或参与其他兴趣爱好来转移注意力。同时，积极思考也非常重要，尝试从积极的角度看待问题，思考我们可以从这次经历中学到什么，或者这次经历如何让我们成长。

通过这些方法，我们可以更好地管理自己的情绪，减少生气对我们身心健康的影响。记住，情绪是我们所有人的一部分，学会管理它们是我们成长的一部分。

真正打倒你的从来不是各种磨难，而是你内在的底气

岁月无波澜，余生不悲欢。

在谷底也要开花，在海底也要望月。

查尔斯·司布真有一句名言：“焦虑不会消除明天的悲伤，只会消耗今天的力量。”我们不要让内心的焦虑成为克服困难的障碍。这句话鼓励我们专注于当下，用积极的态度面对生活中的挑战。

不管一个人多么优秀，在人生之中都不可能一帆风顺。毕竟运气不会因为一个人的优秀就善待他，反而会因为一个人的优秀而更多地磨砺他。

正如古人所说，天将降大任于斯人也，必先苦其心志，劳其筋骨，饿其体肤……对于生活、工作和爱情，都是如此。所以不要再抱怨命运的残酷，只要你有一颗坚强的心，就可以做到不焦虑，活出自己的精彩。

很多人都对人生感到心虚，因此而产生焦虑。他们总觉得自己不是最优秀的，处处降低自己的身份和姿态，想要委曲求全。殊不知，最好的结果不是求来的，而是平等关系的产物。所以不管是在生活中面对亲人与朋友，还是工作中面对同事与领导，抑或是爱情中面对自己所爱的人，我们都无须卑躬屈膝。骄傲地活着，世界才会为我们喝彩。

每到夜幕降临的时候，大城市里华灯初上，街头闪烁的霓虹灯总是让人意乱神迷。无数人奔波在大城市，放弃了家乡安逸闲适的生活，到底是为什么呢？公司里最近也新来了几名实习生，看起来生活很艰难的样子，

嘴唇上没有鲜活的红色，眼睛里也写满了焦虑与疲惫。居大不易，大概就是大城市里最真实的写照吧。

马蓉发现，每到中午吃饭的时候，实习生里看似家境不太好的刘倩，总是等在最后。等到大家在食堂里打完饭了，她才磨磨蹭蹭地走过去，打一份最简单便宜的菜，吃的都是清汤寡水。马蓉暗暗想道："这个孩子，也许上学期间就像《平凡的世界》里的少平一样，总是吃最差的菜，总是等到最后一个才去取饭菜。"

马蓉想起自己初来上海的时候，也是囊中羞涩，每天吃饭、坐车都在算计着。其间她也曾犹豫过、动摇过，想要回到安逸舒适的家乡，但最终还是选择留下来。经过几年的奋斗和拼搏，如今的她已经在这里结婚生子、安家落户，过上了平实的生活。

到了下午三点多工间休息时，马蓉照例和几位同事点了外卖的下午茶。看到刘倩疲惫地趴在桌子上，马蓉喊刘倩过来也点一份。刘倩看了看下午茶单子，发现最便宜的下午茶也足够她一天的生活费，于是把点餐单放下说："我中午吃多了，现在什么也吃不下。"看着这个倔强的女孩，马蓉有请刘倩喝下午茶的冲动，但是她更愿意保护刘倩骄傲的自尊。看着刘倩走开的身影，马蓉暗暗想道："亲爱的小妹妹，希望你永远骄傲地活着。"

不可否认，生活的艰难会使人受到磨砺，有些人变得更加坚强和骄傲，有些人因为内心的虚弱，不得不妥协和苟且。每一个如同无根的浮萍一样漂泊在大城市的人，都生活得很艰难，然而就像凤凰涅槃，唯有浴火，才能重生。人生也是如此。

没有不坎坷的人生，也没有不下雨的天。人生在世，哪怕世界再怎么残酷，我们都要昂然屹立，活出属于自己的精彩。记住，真正打倒你的从来不是各种磨难，而是你焦虑的内心。只要你始终坚强骄傲，你就是生活的主宰！

培养强大内在的底气，需要从以下几个方面入手：

1. 培养自信

自信是内心的力量，它源于对自己能力的认识和接受。通过设定目标，庆祝小成就，可以逐步建立自信。每个小胜利都是通往成功的阶梯，让人更加坚信自己的能力。

2. 培养独立性

独立性意味着在情感和思想上自给自足。这不是说要孤立自己，而是要有能力独立做决定，承担后果，并为自己的行为负责。独立性还包括财务自由，这需要良好的财务规划和管理能力。

3. 持续学习和适应变化

世界在不断变化，只有不断学习新技能，接受新观念，我们才能保持竞争力和适应性。

这三种方法并不是一蹴而就的，它们需要时间和持续的努力来培养。但只要坚持不懈，任何人都可以成为自己生活的主宰。

将“不可能”的消极心理彻底抛掉

人生本来就是一无所有，有啥不能从头再来？不必瞻前顾后，不要受人影响，按照自己的节奏，大胆向前走，你的光芒终将被看到！

阿尔弗雷德 · 阿德勒有句名言：“只要我们愿意改变，就没有什么是不可能的。”这句话鼓励我们相信自己的潜力和改变的力量，即使面对看似不可能的挑战。

世界上没有一件事是“可能”的，也没有一件事是“不可能”的，事情一开始谁都不知道结果怎样。“李宁”运动品牌广告词说得好：“一切皆有可能。”即使我们真的碰到了“不可能”，也只是暂时没有找到解决问题的方法而已。

人人都希望自己有一个成功的人生，大多拥有负面情绪的人心里却持着这样一个信念：大多数人是不可能成功的，成功是少数人的专利。并且敏感的人总爱把自己归为那大多数人中。

仔细思考一下，你也在其中之列，你也这么认为吗？

如果真是这样，你的内心已经被负面情绪占据，你怀疑自己的能力，甚至怀疑自己根本没有能力去实现，“不可能”便成了你为各种障碍所找到的“合理”解释，结果导致内心焦虑不安，即使你真有能力也可能不行。

难道真如我们所认为的，成功是“不可能”的吗？事实上，是决心而不是环境在决定我们成功。成王败寇完全取决于你自己。思想大师爱默生说得好:“相信自己‘能’，便攻无不克。”

决心决定态度，态度决定行为，行为决定结果。

的确，不管在怎样的境况下，愿意相信自己“能”，始终相信自己是一个成功者、认定自己是赢家、从来都不怀疑自己的人，他们在不经意间给自己注入一针强心剂，最终，得偿所愿。

在 1954 年之前，人人都认为 4 分钟跑完 1 英里根本就是不可能的事情。英国选手罗杰 · 班尼斯特却将这一纪录打破，打破这个“不可能”的魔咒是怎么实现的呢？就是因为他总是默默地对自己说:“是的，我能！”

瑞典人根德尔·哈格曾经在 1945 年跑出 4 分 01 秒 04 的“极限”成绩，此后 8 年没人能够打破这一纪录。在这沉寂的 8 年中，就读于牛津医学院的罗杰·班尼斯特发誓要突破 4 分钟极限。尽管遭到了别人“不可能”的否定，但班尼斯特却时常这样告诉自己:“是的，我能！”他独自坚持训练着，风雨无阻。

终于在 1954 年 5 月 6 日，班尼斯特打破了“极限”这个概念。当他打破这一纪录时，现场的解说员这样说道:“世界纪录诞生了，3 分 59 秒 04，班尼斯特创造了人类壮举，成为人类突破自身极限的永恒象征。”

那天晚上，班尼斯特出现在伦敦电视台。对于自己的成就，他很淡然地说:“人类的精神就是永不服输的精神，我深信自己能够打破这个纪录，并不断地这样暗示自己，久而久之便形成了极为强烈的信念，最终实现了这个‘不可能’。”

因为始终相信自己，经常用“是的，我能”提醒自己，罗杰 · 班尼斯特不畏惧困难，艰苦训练，最终成功打破了世界纪录，赢得了众人的尊重和欣赏。人生如此，该是何等的洒脱、何等的惬意。

“意焦”这个词是心理学上的一个专业术语，意思就是注意的焦点。如果我们把注意力多放在“可能”上，我们会想尽一切办法解决困难，而不是“找借口”，进而取得成功。

瑞恩·希里杰克是加拿大一个普通的男孩，一天，这个一年级的小学生听老师讲述了非洲的生活状况：因为贫穷，大多数非洲的孩子没有玩具，他们的童年是在缺少食品和洁净的饮用水中度过的，更有甚者因为长期饮用不洁净的水而死去……一放学，他就迫不及待地冲回家，对妈妈说：“70 加元就能帮非洲人打一口井，妈妈，您能给我 70 加元吗？”

“不，瑞恩，70 加元太多了。”妈妈告诉他，“我们家没有这个负担能力。”妈妈期待瑞恩会慢慢淡忘这件事，但他每天睡觉前都祈祷能让非洲人喝上洁净的水。无奈之下，妈妈让瑞恩在承担正常家务之外自己挣钱，吸两小时地毯挣两加元，帮家里擦玻璃赚两加元，帮邻居捡暴风雪后落下的树枝……

4 个月后，瑞恩终于攒够了 70 加元交给相关慈善机构，然而对方告诉他：挖一口井要 2000 加元，70 加元只够买一个水泵。妈妈叹了口气，对瑞恩说：“靠干家务怎么能赚那么多钱呢？孩子，你已经尽力了，但你真的不能改变什么。”

“不，我能，”瑞恩态度坚决地说道，“只要每个人都做出努力，就能够改变世界。”瑞恩思虑再三，决定找同学们帮忙，他在讲桌上放了一只水罐，让大家把自己节省下来的零钱放进去，他还请求妈妈给家人和朋友发了电子邮件，很快便有人回信了：“我很感动，我想捐一些钱帮助瑞恩。”不久后，瑞恩的故事就被刊登在了肯普特维尔的《前进报》上，题目就叫《瑞恩的井》。

就这样，瑞恩的事迹在加拿大广为传颂，受瑞恩的影响，人们纷纷加入“为非洲孩子挖一口水井”的活动中。5年过去了，这个梦想竟成为千百人的一项事业，因此，在缺水最严重的非洲乌干达地区，超过半数的人已经能喝上洁净的水了，为此，媒体称这个普通的男孩儿瑞恩为“加拿大的灵魂”。

在做事情之前，我们一定要把“不可能”这种消极的心理暗示抛弃，利用“是的，我能！”的暗示，反复激发自己的信心，将意焦集中在“可能”上，思考自己是否真的想尽了一切办法、穷尽了一切可能。

需要指出的是，“是的，我能！”不是自信心爆棚的表现，更不是不切合实际的盲目乐观，这是一种激励自我战胜困难的表现，从而保证自己以高昂的斗志迎接各种困难和挑战。

你想战胜内心的焦虑吗？你想拥有无比强大的内力吗？你想取得辉煌的成就吗？

获得强大的内在动力的方法：

1. 转变思维模式

我们的思维模式往往决定了我们的行为和结果。将“不可能”转变为“可能”，即使在看似不可逾越的障碍面前，也要寻找成功的可能性。例如，可以通过积极的自我对话来改变消极的信念，用“我可以尝试”代替“这是不可能的”。

2. 设定小目标

将一个大目标分解为一系列小目标或步骤,可以帮助我们逐步克服“不可能”的心理障碍。每当完成一个小目标,就给自己一些正向的反馈,这样可以逐渐建立起实现大目标的信心和动力。

3. 学习成功案例

研究那些克服重重困难最终成功的人的故事。这些故事可以激励我们相信,即使在最困难的情况下,通过努力和坚持也能够实现“不可能”的事情。同时,从他们的经验中学习具体的策略和方法,应用到自己的生活和挑战中。

通过这些方法,我们可以逐步摒弃那些限制自己的消极心理,开启实现目标的旅程。记住,每个人都有潜力去实现自己的梦想,关键在于相信自己,并采取行动。

让热情成为你人际开挂的催化剂

生活不是竞速，偶尔可以让风先走。

有人走向海，有人走向山，都是好风光。

放松一点生活吧！有个好心情比什么都重要。

约翰·洛克曾说过:“幸福不在于拥有多少，而在于计较多少。”幸福是一种心态，取决于我们对生活的看法和态度，而不仅仅是物质条件。当热情退却、志向不再，坏情绪一下子涌过来时，人们常常会变得消沉、焦虑、烦躁、得过且过。这个时候，不要丢弃你的热情，时刻叮嘱自己，活着就要有种力量，千万不要浑浑噩噩混日子，也不要沉醉于往昔的成就。热情会让你充满朝气，让你更讨人欢喜，让你活得更加芬芳。

汪晨是一个很有才气的女孩，但她的性格是内敛的，她不愿轻易表露自己的内心，尽管她对每个人都心存善意，但一般不会表现出特别的热情。

进入一家广告公司工作一段时间之后，她就发现自己远远没有另外一个女孩雯雯受欢迎，雯雯在业务方面远不如自己，却早她一步被提升为副主管。对于这一点，汪晨有一肚子的疑惑，后来她找到了学习心理学的小姨，希望她能够帮自己解开谜团。

小姨就问汪晨，雯雯有什么特别的地方？她想了想，说："她也没什么特别的，就是在公司的时候，无论遇到谁，她都热情地打招呼。虽然我对她升职不服气，但有件事还是挺感谢她的。我记得我刚到公司的第一天，因为我性格内向，加上没有认识的人，所以很多事情我都不知道该怎么办。而其他同事都在忙碌自己的事情，没有人过来告诉我应该怎么做。一个多小时后，雯雯过来了，问我：'感觉怎么样，工作还顺手吗？如果遇到什么问题，都可以来问我。你中午准备怎么解决午饭？如果没有带饭的话，可以和我一起去食堂吃。'那一刻，我很感激，觉得她是一个大好人。不过……公司怎么说都是靠业绩说话，不能仅凭她热情，就升她的职吧！"

小姨听到雯雯的诉说后，笑着说道："晨晨啊，其实副主管这个职位，和单纯的业务员、策划专员不一样，在这个职位上的人，要能够协调好公司内部人员之间的关系，创造一种和谐、温馨的氛围，这样才能让大家更好地做事，而这个雯雯，确实很适合这个职位。"

汪晨意识到了自己观念的错误，她开始有意识地改变自己内向的性格，学着打开自己的心扉，热情地对待身边的每一个人，学着照顾别人，慢慢地，她的人缘越来越好了，她的心情也越来越愉悦。

不论在生活还是职场中，一个热情待人的人和一个冷漠沉闷的人，你会喜欢哪个？相信大家很容易就会和热情的人打成一片，这种力量能给人带来好的氛围，能让大家的距离更近，相处也更欢乐。我们应该带着热情出发，让身边多一点快乐。

另外，热情不仅是人们行动的动力，也是速度和效率的制造者。我们很难看到一个热情的人行动迟缓，做事拖拉。相反，充满热情的人大都是步履如飞、行动敏捷、很有效率的。速度和效率在个人成功中是很重要的东西。

一个人，生活中失去了热情，那生活的意义又何在，人生也将会渐渐失去目标。那样，就不叫生活了，那只能叫作生存。有热情的人通常都积极向上，这种人总给人以朝气蓬勃、激情盎然的感觉。如果和热情的人在一起，会发现生活也变得有意义很多，目标也清晰很多。

如何做一个热情的人：

1. 让自己拥有一颗童心

无论是什么样的年纪，都要给自己装上一颗童心。用童心去看世界，就会对世界时刻保持着好奇、保持着热切的期待。和孩子们接触，会发现他们对每件事都拥有无比热情的态度，怀揣着好奇心，他们想了解世界的一切。这种态度，值得每一个成年人去学习。

2. 时刻保持幽默感

幽默感能让一个热情的人显得更加平易近人，他们善于用自己的幽默把欢乐带给身边的人，因为他们热情的幽默，会让更多的人接纳他们、喜欢他们。一个热情又富有幽默感的人，通常会有很强的个人号召力、凝聚力。

3. 永远保持积极向上的心态

若是你对现在不满意，想去改变现在的状态，那最先改变的就应该是你自己。只要你改变了自己，让自己拥有积极的心态，乐观地接纳一切，那你的不满和所有问题都会迎刃而解。

一个热情的人必须具备乐观向上的心态，这样才会传达出更为阳光的能量。

假如你是个充满热情的人，那么，即使你身处茫茫无边的沙漠，你也会与漫天黄沙交朋友；倘若你缺乏热情，沙漠中的绿洲也不足以让你欣喜。生活，或幸福或苦恼，不在于他物，在于你的本心及态度。

第四章

不要提前焦虑，生活就是见招拆招

世界是个回音谷，念念不忘，必有回响。
你大声喊唱，山谷雷鸣，音传千里，
一叠一叠，一浪一浪，彼岸世界都听到了。

世界是公平的，拿你有的，换你要的。
想不开，什么都是事；
想得开，也就那么一回事。
心中若有桃花源，何处不是水云间？

焦虑不可避免地入侵你内心时，不要惊慌，我们可以通过很多种办法化解这种焦虑。焦虑的心情不可怕，可怕的是当它来临时，你束手无策。当你了解到，焦虑是一种负面情绪，对付负面情绪，可以通过锻炼、发泄、转移等多种方式化解它时，你就不会再因为它的到来而惊慌。而会淡然处之，让它来也匆匆，去也匆匆。

张口闭口说“烦”的人，永远没有好运气

郁闷和焦虑，宛如天空中的乌云，总会飘过，留下晴朗的天空。

尽管郁闷和焦虑可能会暂时笼罩我们的心头，但它们并不是永恒的。

“最近好累啊，好焦虑啊，郁闷死了”“为什么我就没有他那么好命，生下来就拥有一切，真是烦躁得要死”“想买那个包包，可是没钱，我啥时候才能有钱哪，真是郁闷”……

好像焦虑、烦躁、郁闷一直生活在某些人的生命里，不管遇到什么事情，他们张口就是郁闷，心情总是焦虑。朋友们，郁闷是一种消极情绪，如果不及时走出来，你就会变得越发焦虑、悲观。不管是外界原因还是自身原因，我们都应该懂得控制自己的情绪，让自己多一点欢乐、少一些焦虑，这样才能让郁闷远离自己，让内心更加轻松。

嫣然是一位刚刚上任不久的职员，由于是新手，对公司的事务还不是很熟悉，再加上她的领导又是一个脾气暴躁的人，所以她几乎每天都会被骂。

原因姑且不论，因为实在太多了。仅就程度而言，嫣然实在是难以忍受。她对于上司每天的怒骂感到非常生气。嫣然是家里的宝贝疙瘩，从小乖巧懂事，备受父母疼爱，从小到大从未受过爸妈的责骂，工作前也没有想到会遇到上司的破口大骂。

几乎是每回，当她拿着她的策划书走到领导面前时，都会得到一个千篇一律的回答，那就是：“你这也叫策划啊？这是什么烂东西你知道吗？这是你写的啊？写成这样你也好意思给我看？你的逻辑思维及表达能力连小学生都比不上！”接着就是令嫣然神经几乎崩溃的斥骂。

慢慢地，嫣然开始失去上班的兴趣了。“我到底有多差啊，让领导如此看不上眼，但是，这样爱骂人的领导做得就对吗？我真的是倒霉透顶了，在这样的人手底下干活。”每当嫣然想到这件事，就会非常生气，感到焦虑，经常无法入眠，情绪也越来越差。

后来的某一天，嫣然遇到了大学时代的学长，他现在从事的是新闻记者的工作。嫣然不由自主地倾诉起了自己的苦恼。

听完之后，学长笑了。他说起了自己的经验：“其实，这样的事情是很正常的。我记得刚入行的时候，我天天熬夜写稿子，一晚上的忙碌却也总是得不到肯定，第二天上班的时候就被领导撕成碎片，大骂一顿，然后从头再来。现在看看，那些时光，竟然都熬过来了。”然后学长建议嫣然，再碰到这种事情时，就要把领导所做的当作一种教育，当作自己学习的代价。如果这么想还无法消除怨气的话，那么就把它当成拿到薪水所必须付出的代价好了。

后来，学长跟嫣然讲了很多职场上的生存技巧，听了这些话后，嫣然内心的郁闷好了很多，对待上班的态度有了一百八十度的转变。当嫣然把工作当成锻炼自己及拿薪水所必需的事情时，心情就变得非常快乐了。

郁闷的结果是什么？是好好的一个人没能享受到生命中的快乐也就罢了，还给自己的心灵判了无期徒刑，让它再也无法雀跃。不论有什么兴奋的事，郁闷情绪都会像一瓢冷水当头淋下，让好不容易提起的热情再次降温，生活也变得焦虑。

郁闷是一种慢性毒药，如果你一直躲藏在郁闷的角落里不肯走出，那你的焦虑的情绪就会越来越强，你的精神也会越发崩溃，看待一切都会毫无兴趣。所以，我们要努力驱走郁闷的阴云，让自己快乐地生活。

驱赶郁闷心情的方法：

1. 看点儿电影或搞笑的娱乐节目

当郁闷焦虑的时候，可以看看电影或者搞笑的娱乐节目，让自己不停地哈哈大笑，这样就能改变自己的心情。自己沉浸在喜剧之中时，心中的焦虑和郁闷就会逐渐转移，慢慢消退。

2. 关注自身情绪，积极寻求帮助

多关注自己的精神状况，学会判断自己内心，看看情绪是否稳定，心情是否愉快。如果觉得自己的情绪有一个阶段不稳定，常常因为一些小事而感到焦虑或者郁闷，则考虑求助一下心理咨询机构，好好帮着自己做一些调理。

3. 做做运动，唱唱歌

在焦虑或郁闷的时候，可以尝试跑跑步、打打球，当用尽全身力气时，焦虑和郁闷的情绪会伴随着汗水一起挥发出去。也可以去 KTV 唱唱歌，音乐会把你带到另一种愉快的情景中，你在音乐中高歌一曲时，焦虑和郁闷的情绪也会伴随歌声飘向远方。

控制坏情绪，装出自己的好心情

总有一天，你会咽下所有的脾气，笑着面对曾经讨厌的人和事，变成一个不动声色的人。不是岁月改变了脾气，而是经历磨平了棱角！

萨克雷说:“愉快的心情，是穿到社交界去的最好服装。”他提醒我们，有时候，外在的表现也是一种力量，可以影响我们的内心感受和他人对我们的看法。

当你内心焦虑、心情郁闷、感到喘不过气般难受时，聪明的你应该选择释放，而不是压制。想要喊一声那就喊出来，想要跺跺脚那就跺跺脚，想要抱头痛哭那就哭一场，任其发泄几分钟，但要设定好自我放纵的界限。你内心的苦闷释放出来后，你的心情会变得好起来。

在我们感到情绪低落时，装出好心情是放松身心、从消极转向积极的最有效的方法。我们可能会通过“装”的扮演过程获得真实的好心情。最终，原本只是装出来的好心情会变成真实的感受，从而让我们在不如意的时候较为快乐，遇到困境时也较有自信和意志力。

丹丹今年刚 25 岁，但是在她身上看不出属于年轻人的青春活力，反而是眉头紧锁，声音低沉，一副萎靡不振的样子。这种状态持续了好几天，这天，丹丹和一位在公司大厦做保安的师傅一起乘坐电梯，师傅看了丹丹几眼说:“闺女啊，你怎么总是愁眉苦脸的，是有什么不顺心的事吗？”丹丹敷衍地说：“啊，叔叔，我没什么，心情不好而已。”

师傅哈哈大笑起来，说：“我以为是什么大问题，我来教你一个办法，保证你以后心情很好。以后不管你遇到什么难事，你都告诉自己，我很开心，哪怕是不开心，你也要装作开心，然后没一会儿，你的心情就会在自己的主动带动下变得开心起来。”丹丹将信将疑地看着师傅。

丹丹下班回家，想要好好休息一下，谁知道她表弟把她的房间弄得乱七八糟，甚至弄洒了她最喜欢的香水，她刚要发火就想起电梯里师傅教她的办法，于是她默默地对自己说：“没什么，我要保持好情绪，我很开心，眼前的这一切都是小事而已！”

刚开始的时候丹丹觉得很奇怪，自己就像个神经病。但是这么一想，自己似乎也真没那么生气了，反而觉得舒服了点儿。

从那以后，只要有什么不开心的事，她就会让自己假装很开心。后来她终于明白了，一个人的好心情取决于最初的情绪选择，所以哪怕心情不好的时候假装一下好心情，也会弄假成真，与好心情结缘。

丹丹之所以能够摆脱萎靡不振的生活，并拥有好心情，最关键的一点就是她学会了“装”出好心情。无论是在工作中，还是在生活中，假如我们能够学会“装”出好心情，我们就可以真的拥有好心情。

能够让自己获得快乐的心情是一种能力，同样，一个能让自己在不快乐时依然保持微笑的人，是生活的智者。很多人都喜欢阿庆嫂，却很少有人喜欢祥林嫂，这就是因为，生活需要一种阳光的心态。生活不可能永远波澜不惊，只要我们懂得调整自己的心情，就会让自己快乐如初。

心情不佳时，如何装出好心情呢？

1. 假笑疗法

生气时，可以找一面镜子，然后对着镜子努力挤出笑容来，持续几分钟之后，你的心情果真会变得好起来。这种方法叫作“假笑疗法”。实验证明，假笑能触动体内横膈膜，具有很好的热身效应。假笑时，体内横膈膜会将假笑引发成真笑。不知不觉中，你就会由衷地发出笑声了。

2. 转变角度思考问题

很多坏心情都是钻牛角尖形成的，在自己心情不好的时候，时常用这样的话提醒自己：世界上并不是每个人都很顺利，跌跌撞撞才是人生。千万不能觉得自己很倒霉，这样会越想越气，心情也会越来越糟糕。

3. 回忆愉快的事情

当我们确实很烦恼的时候，不妨回忆一些愉快的事情，尽量多想快乐的事情，用回忆的美好装满自己的内心，让美好的回忆荡漾在我们的心中，溢到我们的脸上，就能“装”出好心情。

4. 想象美好未来

未来是未知的，我们把控不了，也预知不了，与其充满担忧，为何不往好处想呢？我们可以把它幻想得美好而充满希望，让自己心怀向往，这样才能让心情更美好，让前进的脚步更有动力。

从容的心态，是战胜焦虑的根本

真正的进步，不是焦虑地自我怀疑，而是平静地自我接纳；

不是被对自己的不满驱赶着，而是被美好的目标吸引着。

维果·莫特森有句名言："我们仿佛生活在一天中，没有足够的时间，但是如果我们冷静而谨慎地做每件事，我们将更快地完成它，并减轻压力。"当我们不被急躁和压力所驱动，而是以平和的心态面对生活的挑战时，我们就能更好地掌控自己的情绪和行动。

现实生活中，很多人都容易被焦虑困扰，一个是因为人的心理很脆弱，另一个是因为生活有很多不如意的事情，情绪波动便成为生活中的常见现象，困扰着很多人。

曾经有篇文章，告诉人们要做淡定从容的人，的确，云淡风轻、春风拂面的人的确给人良好的感觉，在人际交往中也如鱼得水，遗憾的是大多数时候，人们都无法很好地控制自身的情绪。

要想控制情绪，就要拥有从容的心态。不管是男人还是女人，都会遇到各种各样的情绪问题，所以唯有变得从容，才能真正得到平静而美好的人生。

从容，说起来是简简单单的两个字，做起来却很难。每个人都渴望得到成功，更是把成功作为毕生的追求，所以所谓从容，大概就是泰山崩于前而色不变，宠辱不惊，坦然面对人生中的各种境遇，哪怕遭遇了欺骗或者其他不友好的对待，也从不失去本心。

一个人要想成为人生中真正的赢家，就要从容不迫。不可否认，成为人生赢家并非能轻易实现，作为普通而又平凡且有着七情六欲的我们，依然要努力淡定，争取从容面对人生，也争取距离从容人生越来越近。当我们真的从容，曾经困扰和纠缠我们的焦虑就会消失得无影无踪。

战国时期，靠近边塞的地方总是兵荒马乱，因为出、入关的人都需要经过边塞，所以边塞的马匹生意很好做。有个老人就在边塞喂养马匹，卖给南来北往的客人。日久天长，那些从老人手里买过马或者熟悉老人的邻居们，都称呼老人为塞翁。

边塞地域辽阔，老人养了很多马。有一天，马群回到家里，塞翁突然发现少了一匹马。在当时，马可是非常贵重的财产，邻居们想到老人丢了马一定很难过，因此纷纷赶来安慰老人："算了，就是一匹马，千万不要伤心，身体健康最重要。"塞翁看着热心的邻居们，不以为意地说："没关系，只是丢了一匹马而已，也许还会有其他收获呢！"大家都觉得塞翁一定是伤心糊涂了，哪儿有丢了一匹马还不以为意的呢！因而纷纷摇头离开，让塞翁一个人承受。

没过多久，塞翁丢失的马突然回来了，而且还带来了一匹胡人的骏马。这匹骏马通体赤红，一看就是不可多得的千里马。邻居们得到消息，又纷纷赶来祝贺塞翁："平白无故得到一匹千里马，您老人家可真是好福气啊！"出乎意料，塞翁的那匹马失而复得，还得到了一匹好马，他却愁眉不展："天上掉馅饼，这可不是好事情，也许会有灾祸随之而来呢！"邻居们议论纷纷："这个老头真是太狡猾了，平白无故得到一匹千里马，正应该高兴呢，却要装出这样一副难过的样子，蒙蔽大家。"这样想着，邻居们就离开了，不想再看到塞翁虚伪的样子。

塞翁的儿子很喜欢这匹意外得到的骏马，每到赶集的时候就骑着骏马去集市上玩。有一天，骏马突然受到惊吓狂奔不止，他也从马背上掉下去摔断了腿。听说塞翁唯一的儿子摔断了腿，成了瘸子，邻居们都不计前嫌，再次赶去安慰塞翁。不想，塞翁却说："摔断了腿，命还在，也许是好事。"邻居们看不懂了，觉得塞翁一定是老糊涂了，所以才会说这些颠三倒四的话。

没过多久，匈奴入侵村子，村子里的青壮年都应征入伍，只有塞翁的儿子因为是残疾人，所以不用上战场。结果那些去打仗的人基本都丢了性命，唯独塞翁的儿子留在家中，守着塞翁平安度日。

塞翁失马的故事一波三折，虽然邻居们时而来安慰丢失马的塞翁，时而又羡慕塞翁平白无故得到一匹骏马，最后又可怜塞翁的独生儿子变成了残疾，但是这一切都没有改变塞翁平静淡然的心。塞翁知道，福祸相依，不管是福还是祸，都不要盲目地乐观或者绝望。

塞翁的从容，让他在面对生活的大喜大悲时也能保持淡然，而绝不迷失自己的本心。假如我们也能像塞翁一样平静淡然地对待生活中的各种变化，那么就能拒绝大喜大悲，也能够迎来淡然从容。

人生路上不会总一帆风顺，尤其是现代社会发展迅猛，各种意外事件频繁发生。我们如果总是因为客观外物而不停地改变心绪，就会越来越不淡定，也最终会迷失本心。唯有保持淡定和从容，才能更好地接纳和享受生活，也才能让一切都变得井然有序，不至于因为慌乱而变得焦虑。

如何拥有一颗从容的心：

1. 制定可管理的目标

焦虑往往源于感觉任务超出了我们的控制范围。通过将大目标分解为小而具体的步骤，我们可以更容易地跟踪进度，并在每个小成就后给予自己正向反馈。这种方法不仅有助于减少压力，还能增强我们的成就感和自我效能感。例如，如果你有一个大项目，你可以将其分解为每周或每日的任务，这样每完成一个小任务，都会让你感到一步步接近最终目标。

2. 培养自我同情

自我同情涉及在面对个人挑战时，对自己表现出理解和关怀。当我们犯错或遇到障碍时，以一种支持和鼓励的态度对待自己，而不是自我批评，可以帮助我们保持从容和积极。例如，当事情没有按计划进行时，你可以对自己说："每个人都会犯错，我可以从这次经历中学习并变得更强大。"

通过这些方法，我们可以逐步建立起从容的心态，这不仅有助于我们战胜焦虑，还能提高我们的整体生活质量。记住，从容不是一夜之间就能实现的，它需要时间和持续的努力来培养。但是，一旦你掌握了这些技巧，你就会发现自己在面对生活的挑战时更加自信和平静。

心态决定是否幸福：一念天堂，一念地狱

总有人间一两风，填我十万八千梦。

然而生活辽阔，不要只活在爱恨里。

海伦·凯勒曾说：“当一个门关闭时，另一个门打开了；但我们经常遗憾地注视着那个关闭的门，以至于我们没有看到为我们打开的那扇门。”这句话意在告诉我们，即使在困难时期，也要保持积极和乐观的态度。

焦虑无处不在，任何的事情都能让人产生焦虑。化解焦虑的方法其实也很简单，就是让自己拥有一个好心态。心态好了，生活自然充满快乐；生活感到了快乐，焦虑也就消失了。

但快乐也是一个既简单又复杂的问题。人活一世，都希望自己是快快乐乐的。生活的美好就在于拥有快乐的心情，但只有明白了快乐的真谛，才能收获真正幸福的人生。

快乐是一种发自内心的真实情感。真正的快乐是人性的自然流露，快乐并不为外物所左右。物质生活只能满足人生理上的需要，尽管金钱可以充实人的物质生活，但金钱满足不了人的精神生活。

真正的幸福人生，是要充分展示出生命的价值。金钱是无法衡量幸福人生的。道德修养是金钱买不来的，知识学问也是金钱不能买来的，这是不可否认的。

左右你幸福的因素只有一点——你的心态是积极的还是消极的，而这

都在你的控制范围内。

在这个快节奏的世界中，积极的心态是我们面对生活挑战的重要武器。它不仅能帮助我们更好地应对压力，还能让我们在逆境中找到成长的机会。本文将通过主题论述、案例故事、案例分析和方法总结，探讨积极心态如何影响人生的幸福。

积极心态是一种选择，一种面对生活的态度。它意味着在困难面前不轻言放弃，看到每一个问题背后的机会。积极的人倾向于寻找解决方案，而不是被问题所困。他们相信自己能够控制自己的命运，而不是被命运控制。

在一个阳光明媚的春日，李华在公园里散步，思考着自己的未来。他是一名普通的会计师，每天重复着相同的工作，感到生活乏味无聊。突然，他的目光被一位在湖边画画的老人吸引。老人的画作充满活力，色彩斑斓，展现了春天的生机。李华被深深地触动了，他意识到自己内心深处对艺术的热爱从未消失。

他开始利用业余时间学习绘画，尽管起初他的作品并不理想，但他没有放弃。他积极地参加各种绘画课程和研讨会，不断地磨炼自己的技艺。几年后，李华的画作在一次地方艺术展中获得了认可，他的生活也因此发生了翻天覆地的变化。他不再是那个每天重复单调工作的会计师，而是成为一名受人尊敬的艺术家，他的作品给许多人带来了灵感和快乐。

李华的故事展示了积极心态如何转变一个人的生活。他没有被自己的职业局限所束缚，而是选择追随内心的热爱。他的积极心态使他能够在面对困难和挑战时保持坚持和努力，最终实现了自己的梦想。李华的例子证明了，当我们选择积极面对生活，我们的内在潜力就能得到释放，带来意想不到的成就。

如何培养积极心态?

1. 自我肯定与正面对话

自我肯定是培养积极心态的强大工具。通过对自己的积极肯定，我们可以重塑内心的对话，减少自我怀疑和负面情绪。每天早晨，站在镜子前，大声地对自己说:“我有能力，我值得，我可以成功。”这种简单的练习可以提高自信，激发动力。

2. 目标设定与小步骤实现

设定清晰的目标可以为我们的行动提供方向，并带来成就感。目标应该是具体、可衡量、可实现、相关性强和具有时限性的（SMART)。开始时，设定小而易于管理的目标，一旦实现，再逐步扩大目标范围。这样可以帮助我们保持积极心态，避免因面对看似遥不可及的目标而感到沮丧。

3. 感恩实践

感恩可以显著提升我们的积极情绪。每天花几分钟的时间，写下至少三件你感激的事情。这个习惯可以帮助我们专注于生活中的积极方面，即使在困难时期也是如此。

4. 在困难中寻找机会

面对挑战时，试图找到其中的学习机会。每次失败都是一个学习经验的机会，可以教会我们如何在未来做得更好。当我们从挑战中寻找价值时，我们更有可能保持积极和前进的动力。

通过这些方法，我们可以培养出一个更加积极的心态，这将有助于我们在生活中遇到的各种挑战中找到幸福和满足感。记住，积极心态是一种选择，也是一种可以通过练习来培养的技能。当我们选择以积极的眼光看待世界时，我们为自己打开了通往幸福和成功的大门。

女人有生理周期，男人有心理周期

不是因为我发现了自己，所以我是我自己，而是因为我接受了自己，所以我是我自己。

很多女性朋友都认为，自己的衣橱里，永远都缺少一件衣服。正因为如此，女人的衣柜总是因为不停地买、买、买而塞得满满当当的。而有些女人并不喜欢收拾衣柜，每次打开衣柜的时候都看到乱糟糟的衣服，想穿的衣服根本找不到，在这种情况下，心情自然也变得很糟糕。

这就决定了女人要定期整理衣柜，扔掉那些不再穿的衣服，把衣柜整理得井井有条，一眼看去就能找到需要的衣服，这样的感觉当然非常美妙。

其实，不仅衣柜需要整理，女人的情绪也是需要整理的。当女人因为各种各样的原因受到情绪的影响，导致自身焦虑不安，甚至歇斯底里的时候，面对一团乱麻的情绪，如果不会整理，女人必然更加烦躁，甚至严重影响自身的生活和工作。

唯有理性的女人，才知道要定期整理情绪，也会在自身情绪大爆发的时候，积极地如同整理衣柜一样整理情绪——把那些不值得焦虑的事情彻底抛之脑后，而把自己可以面对的事情果断地处理好，把最急需解决的问题排在前面，把不着急解决的问题留到最后。这样一来，情绪当然会变得秩序井然，不再成为生活的沉重负累和心理上的重重障碍。

也许有些朋友会问，难道只有女人需要整理情绪，男人就不需要吗？男人也需要整理情绪。心理学家曾经指出，女人有生理周期，男人其实是有心理周期的。男人每隔一段时间就需要沉默短短的一段时间，在这个时期里，男人不希望被打扰，愿意一个人独处，一个人静静地待着。这实际上就是男人正在经历情绪周期的表现，这种情况下，要给予男人时间整理好自己的情绪衣柜，让一切变得更加有条理，也更容易面对。

近来，艾琳的生活简直一团糟。原本，艾琳是个追求精致小资生活的女人，恨不得把一切都打理得井井有条、从容优雅。她甚至不允许自己的生活有一点点瑕疵，更不愿意自己的生活毫无情趣。

然而，她最近家里和工作中都遇到很多事情，使她分身乏术，根本无暇顾及自己，更没有闲情逸致讲究情趣了。这样的生活使艾琳觉得糟糕透顶，她甚至要崩溃了。

原来，艾琳突然接到单位的一个项目，由她作为主要的负责人。这个项目之后，她也许就能升职加薪，在职业发展上更上一层楼。恰逢此时，艾琳的妈妈不小心摔断了腿，要打上石膏在床上躺好几个月，而她爸爸突发心梗，需要放好几个支架，才能渡过危机。

对于这样的现状，艾琳简直分身乏术，一直在抱怨当年爸爸妈妈为何不给她多生几个兄弟姐妹呢，这种情况下如果几个兄弟姐妹轮番上阵，也不至于让艾琳这么为难了。

艾琳原本想放弃工作上的机会，但是又担心以后会晋升无望，因而只好给妈妈雇了保姆，给爸爸在医院雇了护工，自己则每天在下班之后奔到家里看看妈妈，再去医院照看爸爸，还要回到自己家里照顾老公和孩子的生活。

几天下来，艾琳就要崩溃了，觉得自己根本不可能这样熬过漫长的几个月。思来想去，艾琳求助于公司里的心理咨询师，诉说了其中的苦恼。在心理咨询师的建议下，她列了一张单子，上面写着自己认为人生中最重要的东西，然后一样一样地将不那么重要的画掉，从而让自己意识到哪些是不可舍弃的。

艾琳的单子上最终剩下的三样，就是亲情、爱情和工作。到了这三样，艾琳无论如何也不想再放弃。

后来，她想出了一个好主意。她把远在老家的小姨接过来，小姨已经退休了，可以帮助艾琳照顾妈妈。而小姨原本是在家里帮儿媳妇带孩子的，艾琳也愿意每个月出一些钱给小姨家的儿子贴补家用，这样小姨的儿媳妇完全没有意见，还很高兴呢！

多了个帮手，艾琳就轻松多了，虽然她每个月的收入都给了保姆、护工和小姨的儿子，但是她知道一切都是暂时的，早晚她能够熬过这最艰难的几个月。

没过几天，艾琳的爸爸出院了，小姨一个人给姐姐、姐夫买菜做饭，倒也过得有趣。在老公的支持下，艾琳顺利完成项目，获得升职加薪，职业生涯更上一层楼。

对于如同一团乱麻的生活，如果艾琳没有调整好情绪，任由情绪继续堆积，一定会更加糟糕。幸好她及时求助心理咨询师，获得了最好的解决方案，宁愿把所有薪水都给老人用，也要照顾好老人的生活起居，同时兼顾自己的工作，最终圆满度过了这段艰难的人生岁月。

人到中年，上有老下有小是必然的。如何在兼顾工作的情况下照顾好每一个老人，也照顾好爱人和孩子，是每一位职场女性都需要思考的问题。

艾琳把生活和工作平衡得很好，也最终取得了圆满的结果。

一个人在人生中是否是赢家，并非单纯看他拥有了多少，也要看他留住了多少。很多有钱人每天都忙着赚钱，不但没有时间陪伴老人，更没有时间陪伴孩子，最终“穷得只剩下钱”，不能算是人生的赢家。

唯有兼顾人生的方方面面，在人生之中拥有更多的亲情、友情和爱情，同时竭尽所能提高生活质量，才是真正的人生赢家。

要想让情绪的衣柜始终保持整洁和清爽，就要学会及时整理情绪的衣柜，绝不让情绪问题肆意堆积。

给不会整理焦虑情绪的人一些建议：

1. 认知行为疗法

这是一种心理治疗方法，通过识别和改变消极的思维模式和行为来管理焦虑。首先，可以通过日记记录来识别引起焦虑的具体情境和思维。然后，尝试挑战这些消极思维，用更实际和积极的方式来看待问题。例如，如果你担心未来的某个事件，可以问自己：“我有哪些证据表明事情会变糟？”或者“我以前是如何成功处理类似情况的？”通过这种方式，可以逐步减少焦虑感，并增强应对挑战的信心。

2. 放慢速度

焦虑往往伴随着快速的思维和行动。通过有意识地放慢我们的动作，我们也可以放慢我们的思维。例如，可以在散步、洗碗或洗澡时刻意减慢速度。这种方法有助于我们从快节奏的生活中抽身，给大脑一个缓冲的机会，从而减少焦虑感。

3. 接近大自然

自然界的美丽和宁静有助于缓解焦虑。如果可能的话，走出户外，深呼吸新鲜空气，观察周围的环境，倾听大自然的声音。这种亲近自然的行为可以让我们的心灵得到放松，减少紧张和焦虑的情绪。

以上方法都是通过改变我们的行为和环境来影响我们的心理状态。它们可以帮助我们从日常的快节奏中抽离出来，给自己一个放松和重置的机会。当然，每个人的情况都不同，这些方法可能需要根据个人的具体情况进行调整。如果您发现自己的焦虑情绪难以控制，寻求专业的心理咨询也是一个很好的选择。

找到合适渠道，把焦虑发泄出去

没有什么事是不能解决的，越是逢“绝处”，越是能“重生”。

稻盛和夫有句名言:“成功不要有无谓的情绪。即使你抱怨再多，受到的委屈再多，当下最要紧的一件事就是先把工作做好，把工作做好之后你再去发泄情绪、调整心情。”这句话提醒我们，将精力集中在能够控制和改善的事情上，而不是让情绪主导我们的行动。通过专注于积极的行动，我们可以更有效地管理和释放焦虑。

现实生活中，受到传统观念的影响，很多人都会轻视心理问题，觉得看心理咨询师是根本没有必要的。然而，很多让人悲伤的突发事件告诉我们，心理问题对人的健康也有十分严重的影响，它让人们远离快乐，被焦虑与烦恼缠绕，甚至有的时候还会危及人们的生命。

有个 30 岁左右的母亲，因为极度抑郁，把 3 岁的孩子从十几层楼上抛下，然后自己也跳了下去。即便是陌生人听到这样的新闻，也总是觉得揪心地痛。有些人指责这个母亲剥夺孩子幼小的生命太残忍，唯有真正当母亲的人知道，该是有多么的绝望，一个母亲才忍心亲手剥夺孩子的生命，眼睁睁地看着最爱的孩子坠落高楼，死在自己的面前。

如果家里的人能够早一些意识到女人的情绪和心理出现了严重的问题，那么也不至于让事情发展到这种无法挽回的地步。

所以说，心理问题无小事，不管是对于自己还是他人，我们除了要关注身体健康外，更要关注心理健康，这样在遇到问题的时候才能及时解决，而不至于让问题堆积起来，变得无法收场。

很多人都知道大禹治水的故事，大禹治水的基本原则就是宜疏不宜堵。四川的都江堰工程，更是千古奇观，李冰当时建造都江堰，也是为了使水分流，而并未盲目采取堵截的方式。

人的情绪正如滔滔江水，虽然奔腾不息，但是要正确疏导，引导合理的走向，才能起到最好的治理效果。任何时候，有了不良的情绪都不能淤积于心，而要积极地疏导，通过合适的方式发泄出来，才能起到最好的效果。

对于心直口快的人，有不高兴的事可以直截了当说出来，也许随着倾诉，不良情绪就会减弱，不会对我们的身体健康造成恶劣的影响。而对于内向的人，不良情绪的危害性是最强的，因为他们不懂得倾诉，而且喜欢把什么事情都埋在心里，长此以往，内心就逐渐变得焦虑。

心理的自净能力是有限的，任何情况下，唯有积极地面对人生，才能如愿以偿获得幸福快乐。对于内向的人，可以写日记以诉说心中的苦闷，也可以把事情告诉自己最信的人，还可以做一些自己喜欢做的事情，疏导情绪，驱散焦虑，总而言之，只要是自己喜欢的方式，都是可取的。

假设每个人都是一个健康红润的苹果，在氧化作用下时间久了，苹果未免会出现腐烂的斑点。这时，若不管不顾，这个斑点一定会继续腐烂下去，导致整个苹果都腐烂。要是能够在斑点刚刚出现的时候就发现，把斑点用刀处理干净，剩下来的好苹果，也许能够放置更长的时间。

对待焦虑，我们同样要如此。一个郁郁寡欢的人很容易对生活中的一切事情都提不起兴致来，唯有理智面对生活，从容驱散焦虑，才能让我们的人生更加轻松自如，也让我们的一切变得更从容果断。

一天深夜，林华突然打电话给久已不联系的闺蜜张亚，说：“张亚，赶紧起床，簋街吃麻小去。”

张亚深知林华不是一个冲动的人，更不是喜欢夜生活的人，因而意识到林华肯定有了什么为难的事情或者心情不好，当即二话不说，叫醒老公就起床去了簋街。

到了平日里经常光顾的那家麻小店，张亚一下子就看到了林华。她走过去坐在林华身边，两个人开始大吃大喝起来，而在张亚的安排下，她老公坐在附近的桌子上也点了些简单的食物开始小酌。

原来，张亚把老公叫来，就是为了防备她和林华一醉方休没人照顾。而为了让闺蜜不至于因为男人在场就无法痛快地倾诉，张亚还细心地提前安排老公坐到附近的桌子上，准备随叫随到。

果然，酒过三巡，林华喝得舌头都大了，开始和张亚说些“不着调”的话。

原来，林华怀孕了，但是她老公在外面有了第三者，而且还和她提出离婚。这给原本爱情至上的林华以沉重致命的打击，她甚至想到了死，带着腹内尚未成形的胎儿死去，给老公一个血的教训，让他一辈子都活在懊悔和内疚中。

听到闺蜜这么可怕的想法，张亚虽然也有些喝多了，但是马上被吓得一身冷汗，酒都醒了。她劝说林华：“你可别这么做，不然我鄙视你一辈子。这可不是我认识的林华，你的骄傲呢？还记得你结婚之前有多少男同学对你念念不忘吗？他们之中可至今有人没娶媳妇呢！你呀，就好好活着，活得更好，才能让他后悔莫及。至于孩子的去留全在你，不管你做出怎样的决定，我都支持你。你要是生了，我就是孩子的干妈，我老公就是孩子的干爸，你放心，别人有的，咱家孩子保证一样也不缺。

你要是不生，我就陪你去医院，咱们把身体养得好好的，再迎接新的人生。”

张亚的话让林华突然间痛哭起来，她没有顾忌周围有多少人向她投来异样的眼光，她只想把一切委屈都哭出来。张亚紧紧握着林华的手，直到林华哭够了，她们又开始喝起来，林华居然开始有说有笑了。

后来，当她们俩都喝得醉醺醺的，张亚的老公把她们安全带回家里，给她们端茶送水。

第二天，她们睡到天色大亮才醒来，但是心情好了很多，尤其林华，再也不感到迷惘和无措了。

毫无疑问，张亚是林华的好闺蜜，所以林华才会在最难受的夜深人静之际，给张亚打电话。对于林华而言，和闺蜜一醉方休，痛哭一场，这就是最好的宣泄方式，能够让她倒出心中所有的苦水，从容地面对人生。张亚也不负林华所托,把一切都安排得很好,让林华毫无后顾之忧地大醉一场。

人人都需要朋友，在心情焦虑的时候，在感觉前路迷茫的时候，能够和朋友好好地喝一场，对于大多数人而言的确是很好的解脱，也是极佳的发泄方式。

这个世界上，每个人的脾气秉性都各不相同，每个人发泄焦虑的方式也各具特色。不管选择怎样的方式发泄情绪，只要是无公害的，只要能够把淤积于心的焦虑发泄出去，我们就可以放心大胆地去做，从而帮助自己获得内心的平静和解脱。

发泄情绪都有哪些方法？

1. 运动疗法

运动不仅可以促进身体健康，还能释放内啡肽，这是一种自然的化学物质，能够提升心情和减轻痛感。有氧运动如快走、跑步或游泳，可以加快心跳，帮助身体和心理达到一种放松的状态。此外，瑜伽和太极等静态运动，也能帮助人们集中注意力，减少杂念，从而减轻焦虑感。

2. 艺术疗法

通过绘画、塑造、写作或音乐等创造性活动，人们可以表达和处理内心的情感和压力。这种方式可以帮助人们转移对焦虑源的注意力，将情绪转化为有形的艺术作品，从而在创造过程中找到宁静和满足感。

3.ABC 合理情绪疗法

这种方法基于认知心理学的原理，即我们的情绪反应往往源于我们对事件的评价，而非事件本身。通过改变对事件的看法，我们可以改善情绪。例如，将对未来的担忧转化为对当前能够控制的事情的关注，可以减少对未知的恐惧，并增强处理问题的能力。

哭泣，是对情绪最好的宣泄

连崩溃都要考虑后果，是懂事还是无能为力？成年人的世界真的太累了。人总是会以自己喜欢的方式成熟着。

莎士比亚有句名言：“哭泣是心灵的一种净化，它是勇气的表现，而非软弱。”这句话鼓励人们接受并表达自己的情感，认识到哭泣是一种健康的情绪宣泄方式。通过哭泣，人们可以释放内心的紧张和不安，从而达到一种心理上的释放和清洁。

人有泪腺，便会哭泣。无论你感到欢乐抑或是焦虑时，或喜极而泣或哀号大哭。可随着年龄的增长，哭泣变成了懦弱的表现，于是我们越来越少掉眼泪，尤其是对于男性来说，哭泣是不成熟不沉稳的行为。在中国传统文化中，哭泣并不光彩。女性可以因柔弱而哭泣，男性却应有泪不轻弹。

越是悲痛，越是逞强。当坚硬的伪装覆盖在了我们的脸上，我们忘记了如何痛苦，即使灵魂浸透在眼泪里几近窒息，脸上却仍可以熟练地摆出礼节性的笑容。

小孩是最弱小的，所以被允许哭泣。对于成人来说，哭泣便是示弱，因此不能哭，也不敢哭。隐忍、挣扎，直至麻木。把哭泣看作一个人软弱无能的表现，甚至对此感到不齿时，却忘了哭泣本来就是人类最原始、最简单的需求。

难过了便哭，高兴了也可以哭，哭泣其实是再正常不过的一件事儿。

哭泣并不丢脸，它让我们最直接地流露出了自己的情感，舒缓了焦虑的情绪，使身心得到释放。无须压抑，该哭泣时便哭泣，我们本就是常人。

王磊性格有些木讷，不善言辞，但为人实诚，且写得一手好文章。由于王磊的文采，校报干脆为他开了一个专栏，王磊的名气也传播开去。也正是因为这一点，王磊才能在毕业之际抱得校花归，成为众人眼中的人生赢家。

男才女貌，着实让人羡慕。王磊与校花结婚那天，很多同学都参加了婚礼，有王磊认识的，也有他不认识的，男女都有。

作为工科男，王磊却醉心于文学，凭着过硬的才气，王磊被一家有名的出版社破例聘用为图书编辑。

王磊喜欢写作，也喜欢图书策划。兴趣是最好的老师，王磊很快能独立胜任一本书的各项出版流程，并成了王牌编辑。编辑是很辛苦的职业，而王磊又太过负责，因此每天会加班。王磊也没有放弃自己的写作，却从不借用上班的时间，因此一般只有周末才有时间创作。

性格使然，王磊不是一个懂得浪漫的人，但他很宠爱自己的妻子，以自己的方式。只要是妻子看上的东西，王磊便会帮她买回来。王磊偏好中餐，但由于妻子爱吃西餐，他便一直陪妻子吃西餐。对节日无感的王磊在结婚后，会在各种节日时买礼物送给妻子，尝试给妻子一个惊喜，尽管妻子通常是没有惊只有喜。王磊有能力养活自己与妻子，因此当妻子说要做一名全职太太时他毫不犹豫地答应了。

刚结婚那会儿，妻子还会拉着王磊要他陪自己逛街，可能觉得王磊太过无趣，王磊本来也不喜逛街，不久后妻子便不再让王磊陪她逛街。妻子爱玩，即使已结婚，爱玩这一点没有丝毫改变。刚结婚时妻子还有些收敛，渐渐地便由着自己的性子了。刚开始无论多晚，在外玩的妻子一通电话，王磊便立刻起床去接妻子。后来妻子开始夜不归宿，甚至连续几天不回家。王磊骨子里其实是个传统的人，他很在意妻子不回家的行为，但他太爱自己的妻子，因此默许了妻子的这种行为。无论妻子以何种理由解释在外玩不回家，王磊从来没有怀疑过。

生病的人是脆弱的，不管是身体上还是心理上。王磊半夜高烧，妻子没回来，迷糊中的王磊拨打了妻子的电话。接电话的是一位男性，王磊以为自己打错电话了，便直接挂了。第二天，支撑不住的王磊去了医院。在王磊病愈后，妻子才回了家。妻子主动告诉王磊她在闺蜜家玩，王磊也就没有再说什么。

王磊的一部作品被大导演看中，并以高价收购。王磊想把这个好消息分享给妻子，奈何妻子电话一直打不通。之后王磊更忙了，他需要协助编剧改编自己的作品。当忙过这一阵子，王磊才觉察到自己已经很久没看到妻子了。当王磊无意间在街上看到妻子挽着另一男子的手臂时，王磊有些不能相信，却还是认出那就是他的妻子。他木然地拿出手机给妻子打电话，妻子告诉他她现在在家里。

怀疑的种子一旦种下，便会疯狂滋长。王磊看着眼前一大堆妻子与另一男子的亲昵照片，既愤怒又难过。在妻子回家前，王磊平复了怒气。王磊知道，妻子出轨，他也有责任。他请了一段时间的假，决定多陪陪妻子。回家后的妻子再三找理由要出去，一气之下，王磊把照片撒在了妻子面前。

妻子出轨，王磊却选择了和平离婚。王磊把房子留给了前妻，一个人搬了出去。面对知情人的担忧，王磊表现得跟平常一样，并告诉他们自己没事。多少个夜晚，王磊想大哭一场，却最终忍住了。对于妻子的出轨，王磊是痛苦多于愤怒，但即使他心里痛苦不堪，也选择了默默承受。当王磊行为异常，开始出现幻听幻视时，周围人才察觉到情况的严重性。在周围人的帮助下，精神崩溃的王磊接受了心理治疗。

哭泣是最低成本的一种发泄方式，效果却很好。人在压抑情绪时，会产生一些对身体有害的能量，哭泣对身体可以起到保护的作用。当哭泣时，人的胸部、头部等许多部位会处于一种运动状态，这样便可以宣泄掉不少淤积的心理能量，从而起到缓解心理压力的功效。

哭过的人，会比从前更释怀。乐极可以大笑，悲极就该大哭一场，否则憋出内伤，不但影响情绪，严重时还可能患上抑郁症。

不过，哭泣也需掌握技巧：

1. 身处安静的环境，放声大哭

你想要哭泣时，寻一处安静的地方，确保不会被他人打扰，舒服地坐下，感受内心的悲伤。当你酝酿起来足够的感情，便让自己大声哭出来。哭过后，便会感到解脱，放松了身心。

2. 看一场悲伤的电影，找到落泪契机

你想哭却哭不出来时，可以借助外力。回忆伤心往事，或者特意看场悲伤的电影，让自己哭出来，发泄心中的不快。

哭泣是一种运动，也是一种能力。学会哭泣，敢于哭泣，抒发自己的情感，然后在哭泣中变得更为坚强。

感到孤独或焦虑时，家人是你最坚强的后盾

家庭是人生的起点，也是力量的源泉。在家庭的温暖中，我们找到了勇气和信心，去面对外面世界的风风雨雨。

我们之所以能够幸福快乐地生活，与家人的支持与帮助是分不开的。家人的爱和支持为我们提供了一个安全的避风港，让我们可以在遇到困难时有地方寻求慰藉和力量。

没有父母辛勤抚养，没有兄弟姐妹相互扶持，没有爱人默默奉献，我们是不可能获得成功的。你在人生之路上遇到困境时，你在内心感到焦虑时，千万不要忘记，你不是孤军奋战，还有那么多深爱你的家人，还有一个温暖而幸福的家。

屠呦呦在获得诺贝尔奖时说："深深感谢家人一直以来的理解和支持。"

李安在捧起奥斯卡小金人时说："感谢我的妻子，今年夏天是我们结婚三十年纪念，我爱你。感谢我的儿子们，谢谢你们对我的支持。"

姚明在发表退役声明时说："我首先感谢的是我的家人，父亲、母亲是我人生的启蒙者，叶莉是我最好的倾听者，而可爱的姚沁蕾则是我们新的希望。"

无论我们正处于人生的高潮还是低谷，无论我们正聚集在闪光灯下还是转身默默地离开，人生的每一个瞬间都少不了家人的陪伴、支持和理解。

家人是我们一生的至亲至爱，他们是在任何情况下都愿意为我们付出

一切的人，他们在我们生命中永远扮演着不可替代的重要角色。

有家人在的地方就是我们可以避风的港湾。我们可以从家那里收获到至纯至真的幸福和无穷无尽的力量。即使我们遭遇人生的瓶颈，即使我们误入歧途，做了错事，家人都是帮助我们走出困境最有力的支撑。

浙江省某戒毒所通过实施以“亲情”为切入点的教育活动发现，家人的支持、亲情的感化对戒毒人员人格世界的改造起到了非常明显的积极作用。

每逢春节，戒毒所会开通亲情电话，让戒毒人员与亲人通话，在释放思亲之情的同时，戒毒人员也能得到家人的鼓励，从而产生“好好改造，重新做人”的无穷动力。

有的戒毒所还把采访戒毒人员家属的视频放给戒毒人员观看。当视频中 4 岁的女儿呼喊着思念妈妈时，当 83 岁的老母亲如泣如诉地表达着对儿子的思念时，在场的戒毒人员无不以泪洗面。他们纷纷表示，已经意识到所犯下的一切过错，并决心尽最大努力，积极戒治，早日回到亲人身边。

家人，是我们改过自新的动力，是我们战胜困难的支持。亲情，是我们生病时的温暖呵护，是我们得意忘形时的当头棒喝。他们是我们最爱的人，是我们最值得信赖的依靠。

当你在为人生的目标而打拼时，不要感到孤独或焦虑，家人是你最坚强的后盾。即使他们没有足够的财富帮助你力挽狂澜，即使他们没有足够的智慧为你提供锦囊妙计，他们有的可能只是一句关心的问候，一个温暖的拥抱，一顿丰盛可口的晚餐，或是一阵让你不耐烦的唠叨。这些看上去微不足道，却恰恰是你人生中最珍贵的财富。

洛妮出生在澳大利亚，从小就非常喜欢动物。袋鼠和考拉都是她最好的朋友。她的梦想就是成立一个公益组织，保护非洲濒临灭绝的野生动物。

起初，父母并不支持她的想法——一个女孩子放弃优越舒适的生活，选择去非洲草原那样恶劣的环境里工作，父母怎么能放心呢？但是，在她一再坚持下，父母最终还是答应了下来，叮嘱她说："既然你下了决心，我们一定会支持你，不过今后的路一定会充满坎坷，你要有思想准备。"

接下来的日子里，洛妮在这条路上走得非常艰辛。幸好有父母的关怀和支持，才让她熬了过来。有一次，她在非洲感染重疾。父母亲自赶到宿营地去照顾她。她才得以脱离危险，身体也一天天好转起来。

洛妮虽然成了一名义工，但距离她的梦想还有着很长距离。后来，她回到国内，组建了自己的家庭。在现实面前的无力感使她情绪低落。她每天都无所事事，只是做一些家务聊以度日。

有一天，丈夫对她说："我知道你一直都有着自己的梦想，你的内心也始终向往着非洲草原。所以，请不要把时间都浪费在那些毫无意义的事情上。你应该花些时间去拜访一些企业，争取获得它们的资助。"

在丈夫的鼓励下，她重新振作起来，并自己花钱出版了一本图书。书中的内容包括她在非洲时候的日记和拍摄的许多照片，以及她对动物保护的看法和规划。

她拿着自己写的书，拜访了当地很多知名企业。经过三年努力，她最终得到一些爱心企业的资助，成立了一个由几百人组成的国际野生动物救助组织。

梦想成真后的洛妮不无感慨地说，是家人的支持为她铺就了成功的道路，如果没有家人的支持，她是不会走到今天的。

当来自家人的爱，默默地围绕在我们身边时，请不要让它流失。我们要用一生的时间去珍视它、呵护它。我们要把同样的爱赠予他们，要把人生中每一点的收获作为对他们最好的报答。

爱尔兰剧作家萧伯纳说："家是世界上唯一隐藏人类缺点与失败的地方，它同时隐藏着甜蜜的爱。"

我们人生中大多数时间是和家人一起度过的。他们的谅解与宽容，让我们感受到了来自家的温暖；他们的关爱与帮助，让我们有了面对困难时的勇气和力量。我们不会独行，因为身后永远会有家人的如影相伴。

家人的支持在我们面对生活中的挑战，尤其是焦虑时，确实是一种强大的力量。

家人如何为我们提供坚强后盾：

1. 提供情感支持

家人能够提供一个安全的环境，让我们在感到焦虑或压力时能够表达自己的感受。他们的理解和安慰可以帮助我们缓解内心的紧张，让我们感到不是孤单一人在面对问题。家人的一个拥抱、倾听或鼓励的话语，有时比任何言语都更有力量。

2. 提供实际帮助

在实际生活中，家人可以提供具体的帮助，比如分担日常任务或提供资源上的支持。这种帮助可以减轻我们的负担，让我们有更多的时间和精力去处理引起焦虑的根源。例如，如果工作压力导致焦虑，家人可以帮助处理家务，让我们有更多的时间来放松和充电。

3. 提供指导和建议

家人往往了解我们的个性和经历，他们可以提供有见地的建议和指导，帮助我们找到解决问题的方法。他们的经验和智慧可以帮助我们看到问题的不同角度，找到应对焦虑的新策略。同时，他们也可以鼓励我们寻求专业帮助，如果需要的话。

家人的支持是多方面的，他们不仅仅是情感上的依靠，也是实际生活中的合作伙伴。他们的存在本身就是一种力量，让我们在面对生活的风风雨雨时，有更多的勇气和信心。当然，每个家庭的情况都不同，家人的支持方式也会有所不同，但他们的重要性是不言而喻的。

幽默是对抗生活中苦难的最佳武器

幽默是对抗生活中苦难的最佳武器，它能够照亮我们心灵中最黑暗的角落。

在面对生活的不确定性和压力时，请保持幽默感，用轻松的心态去面对问题，从而获得解决问题的力量。

面对生活中的种种不如意，我们通常不自觉地去焦虑、反思、自责，于是心理逐渐失衡，或闷闷不乐，或郁郁寡欢，或满腹牢骚，或怒发冲冠。

假如我们以这种焦躁的情绪待人处世，自然会将自己的生活弄得一团糟。幽默是烦恼的最大克星，能改变我们灰暗、消沉的心境，帮助我们重获自信、激情和兴致，恢复最初的精神爽朗、心情舒畅。

挫折既然不可避免，我们不妨换一个角度来看待人生的不如意。就像英国著名作家威廉·萨克雷所说的那样：“生活是一面镜子，你对它笑，它也会对你笑；你对它哭，它也会对你哭。”

轻装上阵是克服困难挫折的最好方式。幽默的力量在于调节，它能使人领悟到失意或烦恼的真谛，积极创造新的气氛，从而达到心理的平衡。

美国有一个传奇式的教练叫佩迈尔，他带领的迪鲍尔大学篮球队在蝉联39次冠军后，遭到一次空前的惨败。记者们在比赛后蜂拥而至，问他此时感想如何。

佩迈尔微笑着说："好极了，我们现在可以轻装上阵，全力以赴地去争夺冠军，背上再也没有包袱了。"

比赛失利本应是令人极其沮丧的事情，但在乐观积极的人看来，失败不过是迈向成功的一级台阶。

佩迈尔教练的话语蕴含着豁达的幽默和哲学的智慧。他的哲学修养使他看到事物的另一面，他在冠军的称号中看到了包袱，而在失去冠军的刹那又看到了某种从零开始的心理优势。他的幽默不仅能够减轻队员的压力，而且有指导实践的意义。

对一时的比赛失利，我们可以豁达地看待，可假如要我们去面对可能影响自己一生的身体残疾，就需要很大的勇气了。

爱迪生有一次坐火车，结果被人打了一记响亮的耳光，就是这一罪恶的耳光，导致了爱迪生后来的耳聋。但是，这位伟大的科学家对自己的缺陷却不以为意，他以幽默的口吻说："耳聋帮我杜绝了跟外界的无聊谈话，使我能更为专心地工作。"

伤残疼痛在普通人眼中是那样苦不堪言、沉重不堪。对有志之士、有识之士来说，乐观面对就能改变生活，他们的幽默达观不仅开阔了他们的心胸，还让他们在痛苦中收获欢乐。

医学研究发现，烦恼对人的危害不可小觑，轻则使人精神不振、情绪不佳、浑身无力、焦虑不安，重则使人患各种各样的疾病。只要烦恼产生，就应该想方设法去排除烦恼。在排除烦恼的各种方法中，幽默无疑是最有效也最实用的。

俄国著名作家赫尔岑应邀参加一个晚宴，席间被宴会上轻佻的音乐弄得十分厌烦，但他身为贵宾，如果随意离席不太礼貌。苦恼之余，他干脆用手捂住耳朵。

宴会的主人见此，忙上前解释说："对不起，你不喜欢他们演奏的流行乐曲吗？"赫尔岑反问道："流行的乐曲就都是高尚的吗？"

主人听了甚感诧异："不高尚的东西怎么会流行呢？"赫尔岑笑了："那么，流行性感冒也应归类为高尚吗？"说罢，他起身离开位子，躲到角落里去了。

虽然对轻浮的音乐不胜其烦，赫尔岑却并没有选择直接抗拒的方式，那样不仅显得他没有涵养，还会使宴会的主人尴尬。于是，聪明的作家选择了幽默的方式，将轻佻的音乐比作流行性感冒，不仅缓解了自己不堪忍受的烦恼，也间接表达了内心的不快。

生活在人群中，谁也免不了应对复杂的人际关系。时间一久，我们自然会对这种应酬感到厌烦，却又找不到合适的理由拒绝，因此非常烦恼。

英国诗人罗伯特·勃朗宁有"诗瘾"之称，只要沉浸到创作中，他就什么都顾不得了，而且从不知厌倦。而且，他这个人有一个特点，就是非常憎恶一切无聊的应酬和闲扯。

有一次，他去参加一个社交聚会，一位先生很不知趣地就勃朗宁的作品向他提了一连串问题，勃朗宁既看不出问题的价值，也不知道他到底有何用意。由于对此十分不耐烦，他决定结束谈话。

于是，勃朗宁很有礼貌地对那人说：“请原谅，亲爱的先生，我独占了你那么多时间。”那位先生先是愣住了，随后笑了笑告辞了。

勃朗宁幽默地终止了那位不知趣先生的无聊问题。假如他换用直接拒绝的方式，很可能会引起他人的不满。勃朗宁含蓄中略带幽默的话语不仅成功地杜绝了烦恼，而且使自己全身而退，无法不令人称赞。

平日里，有些人经常会吃人情亏，可为了面子和本着不伤和气的原则，不少人都会选择“哑巴吃黄连”，有苦也不说。在这种时候，要是你能够巧妙地运用幽默的语言，就可以轻而易举地帮自己解决烦恼。

人生中总会出现困难和烦恼。有的人会在窘境中挣扎，会因失意而蹉跎，甚至会被突然而至的“暴风雨”击倒。有的人借助幽默乐观的心态，以一种有益的方式对待人生中的困难与烦恼，使自己在人生路上轻装前行，最终通过生活的种种考验。

幽默的心态就像一种缓冲机制，使人远离对抗、失望和悲观的情绪；它也类似于一种默契形式，使人用宽容、发展的眼光看生活。

怎样用幽默化解焦虑？

1. 幽默转移法

当焦虑情绪来袭时，可以尝试用幽默的方式转移注意力。比如，当你感到紧张时，可以想象一个滑稽的场景或者回忆一个笑话，这样可以暂时把注意力从焦虑的源头转移到令人愉快的事物上。这种方法有助于减轻大脑中的压力反应，让身体和心理都有机会放松。

2. 幽默表达法

与人交流时，用幽默的方式表达自己的焦虑感受，可以帮助缓解内心的紧张和不安。通过幽默的方式与他人分享你的担忧，不仅可以让对方更容易接受和理解，也可以让自己在表达过程中感到更轻松。这种互动有助于建立更紧密的社交联系，从而提供情感支持和压力释放。

3. 幽默创造法

创造幽默内容，如写下幽默故事或绘制漫画，可以作为一种积极的应对机制来处理焦虑。这不仅是一种创造性的发泄方式，也能帮助人们从不同的角度看待问题，从而发现问题的另一面。通过这种方式，人们可以学会用更轻松的态度来面对生活中的挑战和压力。

总的来说，幽默不仅能够为我们带来欢笑，还能作为一种有效的心理调节工具，帮助我们在面对压力和焦虑时保持平衡和积极的心态。通过以上三种方法，我们可以利用幽默来化解生活中的紧张情绪，提升我们的心理韧性和应对挑战的能力。

幽默的力量在于它的普遍性和传染性，它能够跨越文化和语言的界限，为人们提供共同的欢乐和安慰。因此，当生活给予我们压力时，不妨试着用一点幽默来调节心情，你会发现它的确是一剂强效的良药。

如果可以，去找个心理咨询师成为朋友

我不喜欢社交，但是我需要有人听我讲废话。

心理学家卡尔·罗杰斯有句名言："在生活的旅途中，心理医师是那个帮助我们整理行囊的人，让我们以更轻松的心态继续前行。"心理咨询师通过专业的知识和技能，可以帮助我们理解和处理内心的焦虑，让我们能够更好地面对生活中的挑战。

一直以来，在人流密集的地方，总是有理发店，也有诊所负责给人看病。人吃五谷杂粮，没有不生病的，一个人就算身体再怎么强壮，也总要遇到各种各样的身体问题，诊所是人们不可或缺的。人们习惯了看身体上的病，却忽略了心理上的病。

曾经，心理上的病从来不为人们所重视，总觉得心情不好就忍一忍，很快就会过去了。随着时代的发展和社会的进步，人们在物质生活极大丰富的同时，也必然面临更多的心理问题，甚至会因为心理问题陷入困境。

在很多西方国家，心理咨询师是非常受人尊重的职业，大家都意识到心理比生理更容易出现问题，心理问题比生理问题更严重。

有些家庭不但有自己的家庭医生，也有专门的心理咨询师。尤其是对于承受巨大生活压力和工作强度大的人而言，他们更是会定期去和心理咨询师聊一聊，从而疏导自己焦虑的情绪，让自己变得快乐起来。

在中国，人们显然还没有习惯看心理咨询师，不是有严重的心理问题，人们也很少有意识去向心理咨询师求助。可近年来自杀率节节攀升，各种社会地位的人都有可能因为心理问题导致轻生，甚至包括学生在内，这才使人们更加关注心理问题和精神疾病。

实际上，心理咨询师应该是我们生活中不可或缺的人物，他们就像医生给我们医治身体上的疾病一样，尽心尽力为我们分析心理上的问题，从而使我们的心理更加健康，也让我们的情绪找到合理的宣泄渠道，保持舒畅。

近日来，瑞特作为中国区的总裁，被派驻中国区工作。因为初来乍到，瑞特在工作上急于打开局面，当然中国的情况和美国有很大不同，所以他需要做的工作多而烦琐，很劳累。

接连几个月没有休息，瑞特虽然在工作上取得了很大的进展，也对中国有了更多的了解，但是他的情绪却变得很不稳定，经常歇斯底里。

有的时候，哪怕下属们工作努力，瑞特也会挑剔苛责，时不时地就会批评下属。一旦工作上取得了小小的成就，他又欢呼雀跃，变得和孩子一样敏感而又脆弱。看起来，瑞特根本不像一个总裁，就像是初入职场、毫无工作经验的新人一样。

渐渐地，下属们看到喜怒无常、丝毫不懂得控制自身情绪的瑞特，全都避之不及，这导致瑞特在工作上又面临很大的障碍。

日久天长，瑞特的工作方式招致下属们的不满，有些下属甚至写信给总部，投诉瑞特的工作方式让人难以接受。总部马上把这些信转给瑞特，让瑞特尽快调整工作模式，否则就会面临工作上的再次调整。

其实，此时瑞特也意识到自己的反复无常，已经开始看心理咨询师了。当然，因为中国的心理咨询师并不非常了解美国人的性格特点等情况，瑞特觉得改变太慢，因而不惜远渡重洋，回到美国去找自己曾经定期看的心理咨询师。

同事们对此都觉得好笑，毕竟大家都不认为心理问题是多么严重的问题，至于情绪问题，只要有意识地控制就好，所以他们不理解为何瑞特要千里迢迢回国看心理咨询师。

后来，瑞特在美国待了一个星期才调整好自己回到中国。让下属们都很意外的是，瑞特居然如同变了一个人，再也不盯着大家加班，而且情绪上也很平稳，能够非常好地控制自己。最让大家惊讶的是，瑞特还从美国带回来一个心理咨询师，在公司内部成立了心理诊室。

起初，大家都不好意思直接去看心理咨询师，在和心理咨询师交流过之后，他们觉得心情舒畅，这才渐渐习惯于有事没事都找心理咨询师聊一聊。

随着心理诊室成为全公司最忙碌的地方，也是大家最愿意去的地方，整个公司同事之间、上下级之间的关系都好多了，而且工作效率也得到了提升。

不管是在生活中面对那些琐事，还是在工作中不得不承担起艰巨的任务，每个人都难以避免会产生巨大的心理焦虑，也都需要心理咨询师的帮助才能更好地面对工作，处理好工作。

现代社会，很多公司都意识到心理问题的严重性，都自发成立心理诊室，为员工们的心理健康保驾护航。看起来成立心理诊室给公司增加了经济上的负担，实际上当绝大多数员工每天都能心情愉悦地工作，所获得的回报一定远远超过建立心理诊室的付出。

看心理咨询师如今已经不是不可理解的事情，人们对于心理问题的关注更加密切，对于心理健康也越来越重视，这意味着你的生命质量得到大大提高，未来你也必然因为与心理咨询师的频繁接触而变得更快乐。

为何非要寻找心理咨询师呢?

1. 专业指导

心理咨询师拥有专业的心理学知识和丰富的经验，能够为个体提供科学的心理评估。他们能够识别焦虑的根源，并提供有效的治疗方法，如认知行为疗法等，帮助个体建立起更健康的思维模式和应对策略。

2. 安全的倾诉环境

心理咨询师提供一个保密和无评判的空间，让个体可以自由地表达自己的感受和想法。在这样的环境中，个体可以摆脱外界的压力和期望，真正地面对自己的情绪和问题，这对于缓解焦虑至关重要。

3. 持续的支持与监测

与心理咨询师合作，个体可以获得持续的支持和关怀。心理咨询师会监测个体的进展，并根据需要调整治疗计划。这种定期的反馈和调整有助于确保治疗效果，并能够及时发现并处理复发或新出现的问题。

通过这三个方面的帮助，心理咨询师不仅能够帮助个体理解和管理焦虑，还能够提升个体的整体心理健康水平。在心理咨询师的协助下，个体可以学习到更多自我帮助的技巧，增强自我效能感，从而在未来独立应对生活中的挑战和压力。

第五章

你走路的姿态好不好看不重要，走出去才重要

得到一件东西需要智慧，
放弃一样东西则需要勇气。
若能一切随它去，便是人间自在人。

在市井中放风，和小情绪握手。
做一个温柔的人，浅浅笑，轻轻爱。
所有的道别里，我最喜欢，明天见。

相信很多人不只有焦虑症，更多的是有拖延症。如每天无法按时起床、作业做不完、手上的资料快到上交的时候还没有写完……拖延是大多数人都有的毛病，而很多人的焦虑也都是由拖延带来的。当拖延症产生时，焦虑自然就会来临。解决这类的焦虑，唯一的方法就是先解决拖延症，让自己更加有效率。

不要让成功毁在拖延上，想好就立即行动

有一天早上我丢掉了所有的昨天，从此我的脚步变得轻盈。

在《少有人走的路》中，派克说："人大部分的恐惧都与拖延有关，我们常常会害怕改变，其实都是因为自己太懒了，懒得去适应新的环境，懒得去学习新的知识、涉足新的领域，但如果总是这样的话，如何能让自己成熟起来呢？"

我曾经在一本书中看到一段话，生动地讲述了拖延的心态："这就像一个跳得很高的跳高运动员。你训练了几个月，在身体和精神上已经调整好了自己，一遍又一遍地尝试跳过横杆并打破纪录。然后，当你终于下决心开始跳了，新的担忧和恐惧马上袭来：如果我跳得比之前高了，别人会怎么做？他们会不会把横杆升高？……当诸如此类的担忧越来越多时，拖延自然成为必要的第一选择。从拖延到恐惧，到痛苦，一直恶性循环。"

要克服这种恐惧、害怕和焦虑，我们要做的就是在行动之前必须充分地酝酿，一旦下定决心，就应该果断地行动，当你越是积极地行动，就越能够驱散内心的恐惧和焦虑。

我有个同学，大学毕业后就在我们当地结了婚。有了孩子后，她就成了一个全职的家庭主妇。这样枯燥的人生让她很恐惧，她想：难道我一辈子就这样了吗？她不甘心，想开一家书店。但当她把想法告诉了家

人后，没有人愿意支持她，都想不明白为什么她不在家照顾孩子，要出去做这样一个生意。她的丈夫也问她，到底在犯什么病。但我这个同学坚定地和她的丈夫说：“我承认，我开书店是带有自己的理想和情怀的。但我也并非只是为了满足自己的一个愿望和糟蹋钱。我在决定要开书店后，做了十分详细的考虑和分析，也对市场做足了调研，有了详细的运营策略。现在虽然还没有开始，但我已经对这家书店做了最好和最坏的打算。如果书店好起来，能增加城市人口的阅读量，我觉得我做了有意义的事，不管对这个城市，还是对我们这个家庭；如果书店经营不善，亏本了，我现在也有了预算，亏多少都在我的控制范围内。所以，当我做好了所有的准备，我就会第一时间让书店运营起来。”

我这位同学的行为才是不拖延的表现，也就是不害怕失败，也不恐惧成功。她能做到这一点很重要的原因就是，她不害怕改变，她能把控失败。事实上，能够审视和接受其某些行为带来的改变，都是对付拖延的最好的办法。

但凡在某个领域做出重大成就的人都是货真价实的行动派。他们从不屈从于惰性，无论做什么事情都雷厉风行。比如，高产作家威尔斯成功的秘诀就是有了灵感立即记下来，绝不让自己思想的火花稍纵即逝，即便到了深夜，只要大脑在电光石火的一瞬涌现出了灵感，他就不会因为想要睡觉而把将其诉诸笔端的工作拖到第二天，而会马上打开灯，拿起放在床头的笔，记录下来灵感，然后才肯就寝。

伟大人物会因为及时行动而获益，普通人也会因为及时实践自己小小的想法而获得意想不到的收获。

保险业务员曼利·史威兹有两大爱好——钓鱼和打猎，他喜欢带着钓竿和猎枪走进森林深处，有时甚至一连在森林里待上好几天，尽管又脏又累，可是回家后他却感到无比快活。钓鱼和打猎占用了他很多时间，每次离开宿营的湖边，即将投身到保险业务工作时，他都会无限眷恋——在大自然中自由畅游的感觉是多么美好啊，他真不愿意抽身出来。

突然，他的脑海里闪现出一个想法：在荒野里宿营和打猎的人也需要买保险，他清楚有不少人喜欢在森林中探险，那将是一个庞大的潜在市场，如果他能把握机会，完全可以边狩猎边工作。阿拉斯加公司的员工、居住在铁路沿线的猎人和矿工都能成为他未来的客户。

曼利·史威兹说做就做。制订好计划后，他一点时间也不愿耽搁，立即启程前往阿拉斯加，沿着铁路步行，广泛接触沿线居民，人们称他为“步行的曼利”。

曼利·史威兹深受那些潜在客户的欢迎。他经常到他们家里做客，与其建立起友好的关系。

一年以后，他签下了大量的保单，销售业绩一路猛涨，获得了不菲的收入。与此同时，他还能继续在森林里钓鱼和打猎，工作、生活两不误，过上了人人羡慕的美好生活。

无论我们追求什么，总是要付出成本的。计划再完美，如果迟迟不去行动，只会颗粒无收。与其临渊羡鱼，不如退而结网，不要羡慕别人，也不要将希望寄托于虚无缥缈的明天。从今天起，从此刻起，只要下定了决心，就马上去行动，别让拖延成为滋生焦虑和恐惧心理的温床。

给拖延症患者的一些建议：

1. 设定明确的目标和截止日期

将大任务分解成小任务，并为每个小任务设定具体的完成时间，可以帮助减少拖延。这种方法通过提供清晰的方向和可实现的步骤，有助于减轻由不确定性和任务的庞大感觉引起的焦虑。

2. 使用番茄工作法

这是一种时间管理技术，通过将工作时间分割成 25 分钟的工作和 5 分钟的休息来提高专注和效率。每完成四个番茄钟，可以休息更长时间。这种方法可以帮助人们保持专注，同时也确保有休息和恢复的时间，从而减少因长时间工作而产生的焦虑。

不要让拖延的巨石形成巨大的压力

人性之中最可悲的一件事，就是我们所有人都拖延着不去生活，都梦想着天边有一座奇妙的玫瑰园，而不能欣赏今天就盛开在我们窗外的玫瑰花。

法国作家让·谷克多曾经说过：“要在今日做大家明日所做之事。”这句话提醒我们，拖延不仅会增加我们的焦虑，还会浪费我们宝贵的时间。

首先为大家讲一个例子，这是发生在我弟弟身上的案例，相信很多学生都会遇到这样的情况。

我弟弟是一名大四的学生，他有很严重的拖延症。从上大学开始，每到期末考试，他总是一种状态：

考前 2 个月：“还有 60 天，时间还早，先放松放松。”

考前 40 天：“时间有点紧，但我还有很多其他的事情没做完，再等等。”

考前 20 天：“糟糕，来不及了，现在都不知道从哪下手了，这可咋办？”

还剩 10 天：“完了，这次考试肯定没戏了，这次肯定过不了。早干吗去了？”

还剩 3 天：“完了，完了，书根本看不进了，盯了书本半小时，一个字都没看进去。”

考试后若干天，成绩公布：57 分、43 分、38 分……

随着时间的变化，可以看出我弟弟的情绪也有着明显的变化，从一开始的轻松到后面越来越紧张、焦虑，直至情绪崩溃。这其实反映的就是每个人在拖延行为发生时心理活动的变化——拖延会导致焦虑，而焦虑又会让其不断延迟行动，陷入无法解脱的恶性循环。

有计划的行动者是很难因为学习和工作陷入焦虑的，他们循序渐进地追逐目标，一切都是水到渠成的。那些习惯拖延的人，才会被焦虑紧紧盯上。

我前同事小陈是个很聪明的人，能力也很强，总是自称天才。但在我眼中，他是一个严重的拖延症患者。我也这样告诉过他，而他自称自己是一个“高效拖延症患者”，他承认自己拖延，但他又非常得意于自己的“高效”。不管什么事情交给他，他从来都不立即去做，一定要拖到最后一刻，但是往往又能凭借自己过人的“能力”，在最后时刻力挽狂澜，完成任务，因此他常常引以为傲，而且还会嘲笑别人效率低下。

有一次，老板交给他个任务，让他在三天内出一份策划案。他接到任务后并不着急，和平时一样和我们聊聊天，中午睡睡觉，喝喝下午茶，大家都在为他着急：“就三天时间，即使现在就行动，也得加班加点才能完成，你还在等什么呢？”他一脸无所谓的表情：“没事，时间还早，一个策划案而已，哪至于那么久，我的效率你们又不是没领教过。”

前面两天就这么过去了，到了第三天，他终于开始准备了。他早早地来到公司，离上班时间还早，公司里还没有几个人。他优哉游哉地去厕所方便一下，再倒上一壶茶，然后坐在办公桌前定了定神，煞有介事地做了几个深呼吸，等准备工作都做好了，心也静下来了，他把电脑打开，资料也摊开，准备“大干一场”。

就在他准备上网收集资料的时候，却发现电脑连不上网络，检查了网线没有问题，应该是公司的网络断了。但是现在还没到上班时间，技术部的同事还没来，没办法，他只能整理整理思路，先在脑子里面构思，等上班解决了网络问题再开始着手收集资料。

由于前两天压根儿没有做好准备，他很难闭门造车，凭空想出一个清晰的方案，直到上班他的脑子里面还是一片混沌。等网络部的同事修好网络，已经过去了两个小时，这期间他一点进展也没有。

时间一点一点过去，距离下午提案的时间越来越近，他的压力也越来越大。他不再像之前那么淡定了，他开始坐立不安，不断责备自己，找资料也心神不宁，越急越静不下心来。他像热锅上的蚂蚁，都不知道自己在做什么，一会儿胡乱点通鼠标，一会儿随手翻翻资料，感觉心都快跳到嗓子眼了。

距离提案还剩最后两个小时，他放弃了，他从电脑里把之前做过的一些策划案调出来，根据这些模板东拼西凑套出了一个方案，然后交给领导应付了事。上交之后，他长舒一口气，终于在最后关头完成了，而且这样重压之下的突然轻松让他产生了一种快感，就像酷热的夏天突然喝到一瓶冰镇的汽水一样。

这仅仅两个小时加工的“快餐品”，乍一看还像那么回事，毕竟是借鉴的其他项目，所以结构上还算完整。但是如果仔细一看，整个方案模棱两可，全是信息堆积，根本没有具体的数据、深入的分析和可行的计划，让人看得一头雾水。

结果可想而知，领导狠狠地批评了他，还当众表示怀疑他的工作能力，这让小陈再度陷入自责和不安中。

有一种观点认为“压力之下会做得更好”，这种想法是完全片面的。研究证实，当人感觉压力大时，大脑会控制神经系统自动释放出应激激素——肾上腺素和皮质醇。压力渐渐释放后，身体才会恢复到平衡状态。如果压力过大，或者是持续时间太长，应激激素就会很快消失，不能起到保护身体的作用，会使人的血糖升高，影响睡眠，让身体自我修复能力受到影响，并且会破坏免疫系统。

重压可能会让自己行动力强一些，这是一种自损的方式，虽然在一件事上完成了进度，但在这样匆忙的状态下，很难得出好的成果。而且每经历一次这样的“绝处逢生”，对人的情绪都会产生影响，压力越来越大，焦虑越来越严重，最后可能导致对失败产生恐惧心理，排斥一切工作任务，降低行动力。

如何克服拖延症?

1. 分解任务

将大型任务分解为更小、更具体的子任务。这样，你可以集中注意力并逐步完成每个子任务，减轻了整体任务的压力。

2. 自我激励

通过奖励自己来增强完成任务的动力。例如，每完成一个小任务，就给自己一些小奖励，如休息一会儿、吃点点心或短暂的户外活动。这样可以在完成任务的同时获得正面的反馈，增加未来继续努力的意愿。这三种方法结合使用，可以有效地帮助人们克服因焦虑而产生的拖延问题。

3. 寻求支持

与他人分享你的目标和计划，以获得鼓励和支持。你可以寻找一个拖延伙伴，互相监督，共同努力克服拖延。同时，不要忘记自我慰问，赞美自己在完成任务时所取得的进展。

一个人感到沮丧和焦虑并不可怕，可怕的是长久走不出来

每个优秀的人都有一段沉默的时光，那段时光是付出了很多努力，却得不到结果的日子，我们把它叫作扎根期。

英国物理学家威廉·吉尔伯特说：“我们不要沮丧，每一片云彩都会有银边在闪光。”

我们应该成为自己生活的主宰者，悲观、沮丧、焦虑并不可怕，只要勇敢面对、及时调整，就能走出困境。

在生活中，我们经常会感到莫名的沮丧和焦虑。特别是在经历一些不顺心的事情以后，低落的情绪会让我们看什么都不顺眼，一点精神都提不起来。上班总是走神，和家人相处总不耐烦，就算自己最喜欢的书也完全看不下去。有时触景生情，心中就会非常的伤感和失落。想象一下，当我们处于这样的沮丧和焦虑状态中时，还有心情工作或者做一些原本打算做的事情吗？肯定不会。这时，伴随着沮丧和焦虑来临的就是拖延，我们会把事情一拖再拖，想着心情好一点时再做。但如果你总是心情沮丧和焦虑呢？

由于经济不景气和就业压力不断增大，许多希腊年轻人对自己的国家感到绝望。他们抱怨自己是希腊有史以来最沮丧的一代，虽值大好年华，有能力做一切事情却什么也做不了，他们有的干脆把自己看成永远的失败者。由于很多年轻人有类似想法，希腊整个国家弥漫着沮丧的气氛。

人们每天碰面都在讨论着悲伤烦闷的事情，甚至有的人已经计划离开自己的祖国。

沮丧和焦虑的情绪不仅会影响一个国家的前途命运，对个人的生活也会造成极大的负面影响。前些年，曾经出演《成长的烦恼》中伯纳的演员安德鲁竟然离奇失踪。据知情人士透露，他在失踪以前，因为一些事情而导致情绪十分低落和沮丧。一个在荧屏上曾经给无数人带来欢乐的演员，竟然也因为糟糕的情绪做出让人如此不解的事，沮丧的破坏力可见一斑。

生活中，难免会遇到糟糕情绪的困扰，当失望的事情发生时，每个人都会感到沮丧和焦虑。但是，每个人在应对这种情绪时的反应却不尽相同。同样是因为误会遭到领导批评，有的人回家就给家人脸色看或是把孩子臭骂一顿，而有的人却是打一场篮球出出汗，或是在家什么都不想，痛痛快快喝上几杯，让负面情绪得以释放；同样是找不到合适的工作，有的人整天唉声叹气，颓废绝望，感叹着世道的不公，而有的人却能从自身找原因，努力从各个方面提升自己的能力和价值，并愿意把自己的教训和经验积极地去和身边的人分享，让大家感到更多正能量。

一个人感到沮丧和焦虑并不可怕，关键是我们不能任凭沮丧和焦虑情绪在生活里蔓延。

因为晚婚，我朋友陈磊妻子怀孕时已经37岁。无论是他自己，还是双方父母，做梦都希望这个孩子能平安降生。可天不遂人愿，陈磊妻子流产了。

沉重的打击让陈磊几乎万念俱灰。他不责怪妻子，内心却怎么也高兴不起来。他每天阴沉着脸，回到家也不爱说话；头发已经很长了，也不愿意去修剪，一脸颓废的样子，还时不时唉声叹气；以前休息时，他总爱和朋友去打台球，如今他只是关灯坐在沙发上一个劲儿地抽烟。

陈磊的情绪影响到了妻子：由于心情的压抑，妻子刚刚做过流产手术，身体又出了问题。医生说，如果恢复得好，一般9个月以后就可以重新怀孕。可按照现在的情况，他们至少要等到3年以后。

在动荡不安的环境中，沮丧和焦虑的情绪可能会一直困扰着我们。之所以有人能够苦中作乐，有的人却亲手毁掉了自己的生活，就是因为看待负面情绪的方式不同。

把眼前的困境看作末日，生活就注定充满凄凉。如果告诉自己咬咬牙就过去了，日子总要开心地过，再不幸的事也不会影响到你的心情。孩子没了，至少你还有相濡以沫的妻子，还有需要照顾的父母，还有一个完整而温暖的家庭，仅仅为了这些，就应该重新打起精神来，一味地沮丧和焦虑又能解决什么问题呢？

在日本，有一对奶农夫妇，虽然上了年纪，却依然像年轻时一样相爱。后来，严重的糖尿病并发症导致妻子失明，本来开心的她从此变得悲观起来，每天把自己关在家里，在沮丧和黑暗中生活着。

丈夫是一个非常乐观的人。他不忍心看着妻子在绝望中痛苦挣扎，决定用自己的方式让她重新快乐起来。于是，他在自家门前建了一个花园，里面种满各种花卉。

虽然妻子无法看到花园里的姹紫嫣红，但扑鼻的芳香最终让她走出了房门。她听丈夫描述各种鲜花的美丽形态，感受着自己被花海所围绕时的甜蜜与幸福。从那时起，妻子每天都到花园里逛一逛。她脸上终于露出了久违的笑容。

一个人摆脱沮丧和焦虑的情绪并不是什么难事，只要善于去发现身边的美好，只要愿意为别人去创造美好，我们的生命就不会被沮丧和焦虑所占据，那么随处可见的一定都是快乐和幸福。

给容易焦虑和沮丧的人的建议：

1. 意识平复

这是一种让人保持当下意识的练习，可以帮助减少焦虑和沮丧。通过专注于呼吸或身体感受，可以让大脑从负面情绪中解脱出来，从而达到平静的状态。

2. 积极思维

当面对挑战时，尝试从积极的角度来看待问题。例如，将失败视为学习和成长的机会，而不是个人能力的缺陷。这种思维方式可以减少沮丧感，并帮助建立更强的心理韧性。

3. 体育锻炼

运动不仅对身体健康有益，也是缓解心理压力的有效方式。定期进行体育锻炼可以释放内啡肽，这是一种天然的化学物质，能够改善心情并减轻焦虑感。

行动，只有行动，才能决定价值

人生中有些事是不得不做的，于不得不做中勉强去做，是毁灭；于不得不做中做得好，是勇敢。

德国哲学家约翰·菲希特说：“行动，只有行动，才能决定价值。”这句话提醒我们，价值不是由想法决定的，而是由我们采取的行动决定的。

现实生活中，很多人都有拖延症。也许有些朋友会狡辩，现在不就提倡慢生活吗？为何还要行色匆匆、忙得脚不沾地呢？的确，慢生活主张慢慢地享受生活，全心全意地专注于生活，但是生活不是度假，要想从容地享受慢生活，前提条件是必须提高工作效率，这样才能在工作之余有更多的时间休闲和度假。反之，假如我们工作效率极其低下，原本一天就能做好的工作非要三天，只怕连周末都要加班，根本没有机会享受慢生活。明智的人，在工作上绝不偷懒，如果能够提前一个小时完成工作，他们就会提前，这样哪怕不小心出现失误，也有时间去检查和弥补，或者一切顺利，那么可以悠闲地喝一杯咖啡，整理自己纷乱的思绪，岂不是更好吗？做任何事情，从容都是至高境界，远远比事到临头因手忙脚乱而感到焦虑好。

很多时候，人们做事情都是一时兴起，一旦过了那个时间点，也许就不会激动了，甚至失去了付诸实施的意愿。例如，当一个人想到一个金点子，如果马上就能去做，也许这个金点子会变成现实。然而如果他只是想一想，告诉自己过几天再去做，那么这个金点子很有可能会变成空想，甚至在不断的拖延中再也不被提起。很多人的成功，其实就来自一时激情的想象，也许有的朋友会说自己一天就能想出很多好点子，这不是关键，关键在于你要多久才能把一个点子变成现实。行动力，才是通往成功的必经之路，任何人要想获得成功，都无法绕过这段艰难而又重要的历程。

大学毕业后，张伟和林洋一起进入同一家公司工作。他们是大学同班同学，能力也不相上下，按理说，他们在公司里的发展应该是齐头并进的。然而，进入公司一年多，张伟明显比林洋有了更大的进步。他不但薪水已经提升了一次，而且在部门里也深得领导器重，每次有好的机会，领导也总是愿意交给他。这到底是为什么呢?

原来,张伟是一个非常积极主动的人,对待工作,在完成分内之事后,他总是很热心地帮助其他同事。在同事感谢他时，他总是调侃说自己这么做也算是在偷师学艺。这样同事们都很喜欢他。因为经常帮助其他同事完成工作，没过多久他就熟悉了很多本职之外的业务，这使得他在工作上突飞猛进。而林洋则不同，林洋比起张伟来非常懒惰，工作上倾向于保守。他总是说做得多错得多，与其因为多做多错被领导批评，还不如做好自己的本职工作，这样也能减少犯错的概率。这不，每当张伟主动找事做时，林洋却在工位上无所事事，领导当然看在眼里。

近日来，公司有一次出国考察和交流的机会，老板特意交代要找一个擅长英语的年轻人同行。在得知张伟英语流利之后，领导当即拍板，让张伟同行。这时，林洋懊悔不已。原来，他和张伟大学刚毕业时，就曾约定一起去报名参加英语速成班，毕竟学校里学到的英语还不够，他们已意识到要提升英语口语水平，才能学以致用。遗憾的是，张伟找到工作安排好生活后，马上就开始利用业余时间在培训班学习和练习，但是林洋却只顾着享受结束学业的轻松和悠闲，完全把这个计划忘到脑后了。可想而知，在未来的发展中，张伟已经比林洋领先了一大步。

其实，对于同一个学校毕业、进入同一家公司且都毫无经验的同学而言，人生的起点是完全相同的。但是，在短短的一年多时间里，张伟和林洋就有了巨大的差距，这完全是因为他们对待工作的态度不同，对待人生的态度也不同。张伟是一个典型的行动派，想到了就去做，没有工作就主动找工作做，他的原则就是宁愿累着，也不愿闲着，宁愿因为行动犯错，也不愿为了避免犯错而无所事事。林洋则恰恰相反，他在原本应该奋斗的时候选择了安逸，在原本应该拼搏的时刻选择了明哲保身，最终只能一事无成，被张伟远远地甩下。

拖延症患者如何做到立刻行动？

1. 设定倒计时

给自己设定一个截止时间，然后立即开始行动。例如，你可以设置一个闹钟，让自己在 30 分钟内完成一项任务。这种压迫感会激发你的动力。

2.5 秒法则

当你需要采取行动时，不要犹豫。倒数 5 秒，然后立即开始。这种简单的技巧有助于打破拖延的循环。

3. 找到动力

思考一下你为什么要完成这项任务。找到激励你行动的原因，这将帮助你立即开始行动。

不要让拖延加快职场“更年期”的到来

你迷茫的原因，往往只有一个，那就是本应该拼命去努力的年纪，想得太多，做得太少。

卡莱尔曾经说过：“生活的悲剧不在于人们受到多少苦，而在于人们错过了什么。”这句话深刻地指出，生活中的意义并非来源于外在的苦难，而是内在的抉择与行动。

初入职场的年轻人身上往往有一股逼人的朝气，他们不管干什么事都很有干劲，然而在一些职场老人看来，这些朝气不过是三分钟热度。“等你在职场混久了，你就不会这么有激情了。”职场“老人”这样告诫年轻人。等到年轻人逐渐变成了职场“老人”，他们大多数人也发现，这些“老人”说的话真的很对。

的确，很多人早已从一个脚踏实地的大学生慢慢变得精明，而又从精明开始慢慢学会了拖延，最终逐渐向颓废过渡。

常常说“岁月是把杀猪刀”。有时候陈孝成自己也会感慨几句。他大学毕业后就投身广告业，现在的他作为公司设计部门的负责人，对自己这十几年的变化感慨颇多。

想当年，我的大学同学陈孝成毕业后，就找到了一份心仪的工作。当时的他自然是无比意气风发，他相信自己能够在公司里大展拳脚。进入公司，当看到自己亲手做的设计方案一一被领导采用的时候，陈孝成内心充满了激动和骄傲。此后的一段时间里，无论陈孝成接到什么样的工作，他都会在第一时间完成，即便影响休息也在所不惜。然而现在，一切都不一样了，刚毕业时那股朝气早已不见了，现在，即便遇到最紧迫的项目，他也是能往后拖就往后拖。

陈孝成常想，自己刚到公司时的那股朝气去哪儿了呢？一次大学同学聚会时，陈孝成对我发了一通牢骚："我现在的事业可以说是一帆风顺，但是总感觉不到以前咱们在学校时候的那种感觉。你说咱们上大学的时候，是多么的意气风发，圣诞节的时候，摆个地摊，卖个苹果，虽然卖的还没吃的多，但是那时候的感觉特别好。"

"是啊，现在咱们的工作状态和刚参加工作时的差别实在是太大了。"他的话引起了很多同学的共鸣，大家纷纷附和着，感慨着自己思想的转变。

"刚开始的时候，总想着用自己的激情去改变整个世界，没想到工作几年，就被这个世界给改变了。"

"现在我对待工作的态度是，着急的就做做，不着急的能拖就拖，反正最后一定会找到解决办法的，慢慢地，人都变得越来越颓废了。"

……

像陈孝成这样的感触我们很多人都有。随着年龄的增长，无论是生活还是工作，我们都会逐渐失去激情，没有了继续拼搏的动力。做事的时候拖拖拉拉，思考问题的时候懒懒散散，这样的状态长期持续下去，人就会变得越来越颓废。

面对这样的状况，有的时候我们会感觉很难过也很焦虑，看看自己的懒散，再看看刚刚进入公司的年轻人的朝气，更是感觉自己已经跟不上时代了。因此不禁要问，以前那么阳光、那么有朝气的自己到哪儿去了呢？

是啊，人的朝气去哪里了呢？答案就是被拖延给磨光了。少年时、青年时，我们面对的是紧张的学业，是师长的督促，是同代人的竞争，在这种情况下，每个人争分夺秒，一刻钟当两刻钟来用。但是毕业之后走入社会，我们需要自己来掌控自己的人生，安排自己的工作，生活中没有明显的竞争，人的紧迫感也就慢慢消失了，拖延开始变成生活的常态，于是朝气就这样一点一滴地丧失了。

紧迫感的丧失来自拖延，而拖延久了就染上了拖延症，一个有拖延症的人对于生活的态度便成了能拖一刻是一刻，只求这一刻无事轻松，哪管下一刻十万火急。然而，下一刻终于还是会到来的，就在这不断的十万火急当中，人生开始一次次地失败，而因为失败，便更加懒散，对待生活更加拖延，拖延和懒散形成了一个恶性循环，而这个恶性循环的最终结果就是内心彻底崩溃，整个人陷入一种颓废的状态当中。

颓废是一种怎样的状态呢？就是对所有的事情都感觉浑浑噩噩，没有想要了解新生事物的兴趣，总是认为“有什么事也不用着急”，对于自己的工作，总是拖到最后一刻才慢悠悠地去做，没有丝毫自控力，当然也不会采取任何的措施来进行自控。

处在颓废中的上班族往往会被同事笑称患上了“更年期综合征”，但实际上，处于颓废中的人生，是一个彻头彻尾没有意义的人生。在这样的人生当中，逃避困难、不肯面对挑战、被动地安于现状成了生活的主题，放弃、逃避成了生活的选择。这样的生活，难道是我们想要的吗？

帮助颓废者摆脱职场“更年期综合征”的建议：

1. 设定目标

设定明确的目标，无论是短期还是长期。这些目标可以是职业、学业、健康、人际关系等方面。追求目标会给生活带来动力和意义。

2. 培养兴趣爱好

探索你感兴趣的领域，尝试新的活动和爱好。无论是绘画、音乐、运动、烹饪还是旅行，这些活动都能为生活增添乐趣和意义。

3. 社交互动

与他人的积极互动可以为你提供情感支持，增强社会归属感，减少颓废感。参加社交活动，加入兴趣小组，或者仅仅是与家人朋友共度时光，都能够帮助你改善心情，激发生活的热情。

每一个拖延症患者，都是自我安慰的高手

拖延的本质是什么？一场和自我的战争。一日找不到新的自我，就一日不能坦然面对世界，连带着身体也跟着倒霉。

法国作家和飞行员安托万·德·圣埃克苏佩里曾说过：“行动不一定带来幸福，但没有行动则绝无幸福。”这句话深刻揭示了拖延症患者常有的心理，即他们往往在行动和实践中寻找幸福感，却因为拖延而错失了行动的机会。

拖延产生的原因有很多种，也有可能是众多原因一起作用的结果。一些人会对自己的拖延感到自责，并希望下一次能及时着手工作；一些人似乎本身就不对工作结果抱有良好的期望，在他们看来，只需要做一做就可以了，正是因为这样的心态，让他们不断地拖延工作。

我们都希望自己的工作能力得到肯定，这是证明自身价值的一种方式，同事的认同、上级的赞扬或者升职、加薪，这都是我们所在意的，也是我们内心脆弱的地方。一旦我们因为拖延工作而失去这些的时候，便会在内心安慰自己：我根本不在意这些，我又没指望自己出类拔萃，这只是自我疗伤，越是自我麻痹，我们越是会拖延行动。

在这里，我讲两个发小的故事，他们两个有着同样的问题，因此很具有代表性。

我其中一个发小小贝，在我们老家县城做公务员，在一个行政部门担任文员的工作，这是个“清水衙门”，平时也没什么大事，不过倒是和其他部门之间联系比较紧密，因为很多事都要经过行政部的批准。然而，在公司甚至部门内部，很多人都不知道有小贝这个人的存在，因为她太普通了，普通的长相、普通的学历、普通的职位，其实这不是最主要的原因，问题是小贝自身，她自己从来不争取什么，无论做什么，她总是慢悠悠的。

有一次，我们俩吃饭，我问道：“你不是说最近工作很多吗？完成得怎么样了？”她回答说：“马马虎虎吧，周末前能完成吧。”

“你没想过更好更快地完成工作，然后获得上级嘉许吗？”我问道。

“我没想过这一点，一般般就好了，我觉得没必要表现得那么优秀。”

……

我另一个发小也是个行动“迟缓”的职员。他是一名程序员，在IT部门，也是个几乎快被大家遗忘的人。

其实，从上学时代开始，我这个发小就是个成绩不好也不坏的学生，按部就班上大学，按部就班进入这家公司工作。不过他最害怕的是得罪别人，所以他从来不去争第一。

他热爱篮球运动，也很擅长篮球，一次，公司部门之间要组织一场篮球赛，大家知道他有这一爱好，便让他也报名，虽然他推脱了半天，但是盛情难却，便答应了。后来，他听说，他的部门主管也会参加，他心想，万一主管所在的队输了，岂不是为自己树敌了。比赛这天早上，为这事儿思索半天，最终他还是找个借口称自己不能去了。后来，我问他为何不参加，他说：“我不想得罪人，反正我也没想比谁优秀。”

这个发小工作中也是这样的人。每次上交工作任务，他总是比其他同事慢半拍，只要能拖的，他一定拖，所以，公司的嘉奖名单中从来没有他，在公司三年了，他也一直未升职，更别说加薪了。我问他:“你就没想过好好表现吗？”他的回答却是:“我不需要那么优秀。”

从我这两个发小的身上，可以看出他们两个都是拖延症患者，他们拖延的原因也都是因为他们不在意，不需要那么优秀，一个发小认为“一般就好”，另一个发小则不希望“枪打出头鸟”“不想得罪人”。但无论如何，我们都能看出他们的消极心态。

如果你也是这样的人的话，不妨问一下自己，你真的不在乎吗？还是因为已经拖延了而不在意后果呢？真正的原因在后者。这种消极的心态一旦占据我们的内心，就不仅仅是工作拖延的问题了，我们还会变得行动迟缓、精力不足、缺乏动力、食欲不振甚至可能情绪忧郁，严重的还会产生心理疾病。反过来，只有努力破除拖延的习惯，凡事立即行动，才会改变我们的生活和工作状态，让我们周身充满活力。

一些人可能会认为“枪打出头鸟”，那些在职场太进取的人，通常会成为别人嫉恨和打击的对象，聪明的处事方式是比别人慢一点，这也是保护自我的方式。的确，职场切忌锋芒太露，但这并不是鼓励我们做事拖延。毕竟，“做事”与“做人”不同，领导和上级欣赏那些会为人处世者，他们也不希望员工行为拖沓、耽误工作。真正聪明的职场人总是奉行低调做人、高调做事的行为准则，他们从不放弃的一点便是努力学习、充实自我。

我认识一个女孩，叫韩蕾蕾。她是北京一家软件公司的职员，和销售部其他女职员不一样，她从来不和这些女孩子一起叽叽喳喳，也不经常去逛街、买衣服，闲暇时间，她都会买一些书籍来看。因此，在进公司的两年时间里，她除了掌握销售本事外，还对软件技术有了一定的了解。渐渐地，技术部门的一些工作她也能接手，这让公司的其他同事都对她刮目相看。

老总迈克把这一切都看在眼里，本着培养人才的态度，他将选派出色员工前往德国总部学习四个月的机会给了韩蕾蕾。这决定一出，公司里的很多老员工全都嫉妒得红了眼睛。大家都知道：此前半个月，销售部经理已经移民海外，此次学习经历，无疑会为争夺销售部经理这个“肥缺”增添一枚重要的砝码。对此，韩蕾蕾当然也心知肚明。面对公司销售部很多老员工的怨声，迈克开了一个会，会上是这么说的：“软件技术，无论是技术还是销售，都要不断地进步，没有进步，就没有市场，在韩蕾蕾进公司的这段时间，她的进步是大家有目共睹的，我之所以把这个机会给韩蕾蕾，是想鼓励大家，在公司，都是用实力说话的。”听完后，迈克的那些员工都不再说话了。

韩蕾蕾之所以能“鲤鱼跃龙门”，被上司直接提拔，并不是因为她能言善辩，会拍上司马屁，而是她能不断地学习、充实自己。毕竟，现代企业，最排斥的就是工作效率低下的人。

拖延症患者有哪些自我调整的方式？

1. 时间管理

他们可能会告诉自己，只要合理安排时间，就一定能在最后期限前完成任务。这种方式可以帮助他们减少焦虑，并相信自己有能力控制局面。

2. 优先级调整

拖延症患者可能会说服自己，当前正在做的事情比原计划的任务更重要，因此推迟原计划是合理的。这样的自我安慰有助于他们感觉自己的选择是有目的和有价值的。

3. 自我肯定

他们可能会通过回顾过去成功完成任务的经历来提醒自己，并以此说服自己是有能力克服拖延的。这种正面的自我对话可以增强他们的自信心和动力。

这些自我安慰的方法虽然可以短暂缓解内心的不安，但长期来看，培养良好的时间管理能力和自我监督能力才是解决拖延问题的根本途径。

人生短暂，拖延就是对宝贵生命的浪费

一星陨落，黯淡不了整片星空。

一花凋零，荒芜不了整个春天。

丰子恺有句名言：“由预想进行于实行，由希望变为成功，原是人生事业展进的正道。”规划是行动的蓝图，而行动是将规划转化为现实的动力。

拖延形成的根本原因到底是什么呢？有些人天生就是慢性子，所以做任何事情都慢慢吞吞的，哪怕事情迫在眉睫，他们也无法因为着急而忙碌起来。有些人则是因为后天的不良习惯，最终养成拖延的恶习。既然是习惯，那当然是可以改变的，诸如在做事情的时候有意识地规定时限，对于长期的任务还可以给不同的阶段规定时限，这样坚持下去，拖延的坏习惯就能得以改变。最可怕的是，有些人对于自己的拖延无知无觉，根本意识不到自己是在拖延，当被催促的时候，他们还会觉得很委屈，觉得自己已经竭尽全力了。不管出于哪种情况的拖延，我们都要正视和面对，有意识地改变自己的行为习惯，从而提高效率。

在计划中给出时限，从而督促自己高效率地解决问题，督促自己加快行动的节奏，这是戒掉拖延症的好方法。很多拖延症患者都会把拖延的原因归咎于外界，或者抱怨条件不给力，或者抱怨合作伙伴没到位，或者抱怨他人没有解释清楚要求，这无疑是自欺欺人的。很多时候，还有些人会因为意志力薄弱，做事情总是半途而废，无法坚持到底，不得不说这是由自身缺乏毅力导致的。假如能够提升自己的意志力，让自己变得坚韧不拔，那么哪怕遭遇更多的坎坷和挫折，也总能够不遗余力地进行下去，这样才能避免拖延的厄运，迎来好的结果。哪怕是一时冲动想要做某件事情，真正意志坚强的人，也会一往无前，直到取得最终的结果。

很多人对于拖延得过且过觉得无所谓，拖延不仅会给我们的人生带来严重的后果，还会让我们陷入无穷无尽的烦恼之中。趁着拖延还没有让人生无法挽回，我们要从现在开始给自己设定完成各种事情的期限。古人云，“明日复明日，明日何其多，我生待明日，万事成蹉跎。”就是告诉我们，拖延最终会使人生成为不可追忆的往昔，人生也必然在拖延中彻底消逝。常言道，有志者立长志，无志者常立志。树立志向只是人生的第一步，还要坚持梦想、持之以恒，也要根据计划按部就班地完成每个人生阶段的重任，才能让人生更充实，才能让未来更可把握。

爱华是一名自由职业者，主要负责给图书配图。因为工作时间灵活自由，也不像全职工作者那样必须按时按点地上班，所以她深受拖延症的折磨。刚刚从事自由工作时，爱华每天都睡到自然醒，等洗漱完，往往已经到中午时分了。一个月之后，爱华决定不再放纵自己，要按时按点地起床，充实地度过每一天。但是，第一天，她失败了，虽然闹铃八点就响了，但是她直到十一点多才起床。第二天，闹铃七点半就响了，她关掉闹铃，继续昏昏沉沉地睡去，直到十点多才起床。接下来的每一天，她都不能按时起床，而且睡的时间越长，越觉得困。最终，她不得不让朋友到她家里来，把她晃醒。转眼之间，她接到的第一份配图工作距离交稿还有十天的时间，但是她的工作完成了还不到四分之一。爱华真的要崩溃了，这可是自砸招牌的事情啊。为此，在剩下的十天里，她每天都工作到凌晨，彻底变成了“熊猫眼”，也使自己变成了昼伏夜出的“蝙蝠”，可想而知她的工作效率并不高，工作的质量也没有保障。

第一次交稿，爱华就被客户提出各种意见，但是好歹给了她更多的时间进行修改和完善。时间一充裕，爱华的拖延症又犯了。为了帮助爱华彻底戒掉拖延症，朋友不得不入住她家，以强势手段帮她养成良好的作息习惯。后来，爱华也给自己制订了详细的工作计划，每天都要在规定的时间里完成一定的工作量，否则就不能吃饭睡觉。如此逼了自己一段时间后，她的拖延症有了大大的好转。

很多人都觉得计划只是一种形式，没有太大的作用，甚至还会变成一纸空文。实际上，计划是否只是形式，并非取决于计划本身，而是取决于我们执行计划的力度和决心。当我们戒掉拖延的坏毛病，每天都按照计划完成工作，兑现生活的许诺时，就会感到非常充实，似乎每一天都是有意义的，都是让人愉快的。反之，当我们把辛辛苦苦制订的计划抛到脑后，肆意地拖延时间，那么我们的内心一定感到空虚和惶惑不安。当你习惯于计划，习惯于在规定的时间内完成工作时，你才能心无旁骛地休闲，也才能更好地享受生活。

很多人之所以拖延，归根结底是因为缺乏意志力。当我们在制订计划的时候规定时限，甚至规定具体的时间，在第一次努力按照计划完成工作时，我们会感受到成就感，也为自己的坚韧不拔点赞。这样充实而又脚踏实地的感受，是每个人都愿意拥有的。从现在开始，不要再为自己无限的拖延而觉得心虚，努力完成计划，你就会感受到不拖延的美好生活。

给想要制订计划的人的建议：

1.SMART 目标设定法

确保你的计划是具体的（Specific）、可衡量的（Measurable）、可达成的（Attainable）、相关的（Relevant）和具有时限的（Time-bound）。这种方法可以帮助你明确目标，制定详细的行动步骤，并制定完成每个步骤的时间表。

2. 时间块规划法

将你的一天分成几个时间块，每个时间块专注于一个特定的任务或活动。这样可以帮助你减少任务之间的切换时间，提高专注度和效率。

3. 优先级矩阵法

使用艾森豪威尔矩阵，将任务分为四类：重要且紧急、重要但不紧急、不重要但紧急、不重要且不紧急。这可以帮助你识别哪些任务应该优先完成，哪些可以委托出去或推迟。

通过运用这些方法，你可以更有效地制订计划，加快实现目标的步伐。

第六章

缺陷也是一种美，那是光照进来的地方

心有时候就跟屋子一样，需要定期打扫。

该洗的洗，该丢的丢……

再把喜欢的生活装进去，日子就会明亮起来。

日落是免费的，春夏秋冬也是。

不要总觉得人生无望，

希望你也快乐。

和自己达成和解，接纳每一个当下的自己！

有一些人对完美有强迫症，无论做任何事情，都必须做到尽善尽美，哪怕有一点点的瑕疵，都会产生焦虑，甚至会大发雷霆。不仅伤害自己，更会殃及他人。相信我们的身边，或多或少都会有这样完美强迫症的朋友。我们能做的，就是告诉他们，看待问题可以用逆向思维，换一个角度看，有时缺陷也是一种美。

不完美焦虑症，让自己的价值感降低

完美是什么？一切不过只是外人的评价而已。真正重要的，是那些被小说或电影删节的生活细节。犹犹豫豫、迷迷茫茫中顶住生活的压力，期待着明天崭新的开始。

伏尔泰曾经说过：“‘完美’是美好的敌人。”这句话提醒我们，有时候，放下对完美的执着，接受现实的不完美，可能会让我们的生活更加轻松和快乐。

不知道你们是否听过一种症状——不完美焦虑症。出现“不完美焦虑症”的人多数是因为长期生活在一种追求完美的心态中，为避免失败，他们将目标和标准定得看似完美无缺，把“追求完美”当成习惯，把注意力更多地放在了害怕不能完美的现实上，并由此疑神疑鬼、胡思乱想，最终搞垮自己。心理学又把这种现象称为“消极完美主义”。

消极完美主义的思维方式的目的是保护自己，害怕由于自身的缺陷而得不到别人的尊重，从而钻牛角尖。他们从错误的观念出发，因为过度看重某个问题而失去了更多东西。

大部分时候，消极完美主义者会在自己所在的领域取得不错的成就，维持集体或团队的表面和气，别人做到完成就好了，他们非要把事情做到极致。别人做到 1，他们怎么也要努力做到 4 或 5。

但是通过深层次沟通，你会发现他们匪夷所思的观点。他们看问题一般只有两面，因此也比常人更容易走向极端。他们一旦认定了一个事实或者是下定了决心，就会对相反的意见变得相当的神经质，这个时候，用冥顽不化来形容他们都不为过。

在一个繁忙的都市中，有一位年轻的程序员，名叫李明。他是一个追求完美的人，总是希望自己的代码无懈可击，项目进度超前。然而，这种完美主义逐渐演变成了一种焦虑，他开始害怕犯任何错误。每当代码中出现了 bug，或者项目遇到了阻碍，他的内心会充满不安和焦虑。他的同事们开始注意到他的变化，他变得越来越沉默，经常加班到深夜。有一天，一个意外的机会，李明被要求去帮助一个非营利组织做技术支持。在那里，他遇到了一群对技术不太了解，但对生活充满热情的志愿者。他们对李明的帮助感激不尽，即使他的解决方案不是完美的，他们也同样给予了认可和赞赏。通过与这些志愿者交流，李明逐渐意识到，生活中不完美的部分也能带来意想不到的美好。他开始学着接受自己的不完美，不再为了一个小错误苛责自己。随着时间的推移，他的焦虑感减少了，工作效率也提高了。他也变得更加乐观和开朗，与同事们的关系也变得更加融洽。李明的故事告诉我们，不完美并不可怕，它是成长和学习的一部分。接受自己的不完美，可以让我们更加自由地享受生活和工作的过程，而不是被不切实际的完美主义所束缚。

德国大文学家歌德曾说:“谁若游戏人生，他就一事无成; 谁不能主宰自己，便永远是一个奴隶。”就一般人而言，对自己没有高标准的要求，缺乏自控能力，一般不容易实现自己既定的人生目标，难以获得家庭的幸福和事业上的成功，其情绪容易受外来因素的干扰，使其行为与人生目标反向而行。对自己太过苛刻则会带来反作用。

每个人都要记住，再美的钻石也有瑕疵，再纯的黄金也有不足，世间的万物没有又纯又完美无瑕的，人也不例外。我们每个人都不可能一尘不染，在道德、言行上都不可能没有一点不当和错误。人总是趋于完美而永远达不到完美。因此，你也不必对自己和别人做过高的不切实际的要求。

给“不完美焦虑症”患者的建议：

1. 接受不完美

认识到每个人都有不完美的地方，这是人类的共同特征。接受自己的不足，减少自我批评，增加自我接纳，从而减轻焦虑感。

2. 专注于过程

将注意力集中在活动的过程上，而不是只关注结果。享受做事情的过程可以帮助我们更好地理解和欣赏自己的努力,而不是只看到最终的成果。

3. 设定合理的期望

为自己设定可达到的目标，从而避免由于过高的期望导致的压力。当我们的期望与现实相符时，我们更容易感到满足和获得成就感，而不是不断追求不切实际的完美标准。

通过实践这些方法，我们可以更加和谐地接受自己的不完美，减少焦虑，提高生活的幸福感。

世间没有真正完美的事，不完美才是人生

我们很难做好每件事，让人生不留下任何遗憾，尽力就好，允许所有的事与愿违。

最完美的状态，不是你从不失误，而是你从没放弃成长。

杨绛曾说过:“完美并不是没有缺陷，而是在缺陷中表现出来的光彩。”这句话强调了在不完美中仍然能展现出美丽和光彩。或许正是我们的缺点和不足，让我们更加真实、独特，也更加有价值。

我们往往希望自己是一个完美的人，总是怕别人看到自己的缺点，这样会让自己很没面子。其实，世界上没有谁是完美的，每个人都有缺点。对人或者事物要求过高，刻意去追求完美与圆满，心中不能接受任何缺陷和不足，便成了人生烦恼焦虑的根源。南怀瑾先生认为，事物或人有缺陷并非是坏事情，有缺陷才能够促使其更加努力，才能够逐渐地趋近于完美。

的确，生命像一首高低起伏的乐章，高低起伏才能够显得更为生动和鲜活，生活的真相是“不如意十有八九”“此事古难全”。世间是没有真正完美的事物的。若一味追求完美，那么这也是一种不完美。

一座山上的寺庙中有几十个和尚。有一天，寺庙方丈觉得自己时日不多，就想从其弟子中找出一个接班人来接替他，然而，弟子们个个都十分优秀，他自己也不知道应该如何选择。

几天后，方丈想出了一个办法，他将弟子全部叫过来，并吩咐他们去寺院后面的树林里各自找一片最为完美的树叶回来。所有的弟子都不知其中的道理，但是仍旧按照师父吩咐的去做了。

他的弟子们都来到树林，暗想：这么多树叶到底哪一片才是最完美的呢？一番冥思苦想后，仍然不知道如何是好，但师父交代的任务根本不能应付，更不能不做，于是，便在树林中仔细地寻找起来。结果到天黑都累得气喘吁吁，也没有找到“最完美的树叶”，最终都空手而归。

只有一个小和尚这样想：这里的树叶这么多，每片树叶都有其独特的美。于是便随便捡了一片，早早地回到了寺院里。

天黑了，方丈见众人都累得气喘吁吁，而且都空手而归，便问他们：“你们都没有找到吗？”所有的弟子都说：“我们竭尽全力地寻找，但是根本没有最完美的。”唯独那个小和尚十分平静地把一片树叶交给方丈。方丈惊讶地问：“你确定这片是最完美的吗？”这个小和尚回答道：“是的，虽然我不知道您说的最完美的树叶是什么样的，但我认为我捡回的树叶是最完美的。”

最终，方丈宣布那个捡回树叶的弟子将成为自己的接班人。

方丈的众多弟子竭尽全力也没能找到“最完美的树叶”，其根源就在于他们没有弄明白世间根本不存在完美事物的道理。

可能有人会说，我为事业付出了自己全部的精力，最终升了职，达到了自己的目的，不是一种完美吗？然而更多时候，一味追寻的所谓的“完美”只是人们心中一个美丽的错觉。你要知道：世间任何事情的发展都是相对的，即使这一面看似达到了完美，另一面也难免会有缺陷。就像许多爱岗敬业的职员，一味地在事业上追求完美，付出了自己的全部精力和时间，也得到了一些回报。然而在另一方面，他们丢掉了家庭、健康。对于事业来说，他们可能已经做到了极致，但对家庭和健康来说却是一种缺陷。

无可否认，追求完美是人的一种天性，这并没有什么不好。人类也正是在追求完美的过程中不断地完善自己，创造出五彩缤纷的世界。如果真的只因一点点缺憾或者一点点不足，便顽固追寻，耿耿于怀，那就失去了一个适度的平衡，也是自寻烦恼。因为你必定要为那理想中的完美，那百分之零点几或者百分之零点零几的缺陷付出加倍的精力、时间、资源，等等。更何况，世界上根本不存在百分百的完美，我们所谓的完美只是一个极具诱惑力的口号，一个漂亮的陷阱。

同样，任何事物都有不尽完美的地方，人都是有缺陷的，只有放宽心，才能促使自己更加努力，就像南怀瑾所说："必须要带一点病态，必须带一点不如意，总有一些缺陷，才能够促使他努力。"

只有留一些缺陷，才能使自己做到更完美。任何一个人都不是十全十美的，也不可能做到哪方面都比别人强。一方面的突出特长便已经非常优秀了，若还要事事处处追求完美，最终可能连自己的天赋和特长都会退步。

完美主义会给你的生活带来哪些影响：

1. 过度的自我批评

因为完美主义者往往对自己的表现有着不切实际的高标准。他们未能达到这些标准时，就会感到沮丧和不满，这可能会导致其自尊心受损和动力下降。

2. 工作和生活的失衡

完美主义者可能会在工作上投入过多时间和精力，以追求完美的结果，从而忽视了家庭、朋友和个人健康。

3. 人际关系紧张

完美主义者对他人也可能持有过高的期望，这会给亲密关系和工作关系带来压力，因为不是每个人都能达到这样的标准。

总的来说，虽然追求卓越是值得提倡的，但过分的完美主义可能会对个人的心理健康和社会互动产生负面影响。

我在寻找一个最完美的女人，我要娶她为妻

人生是用来体验的，不是用来演绎完美的；

允许自己不完美，也要接纳别人不完美，才是完美的开始。

朱光潜曾说过：“世上本没有十全十美，缺憾的美更能引起人们的共鸣。”这句话告诉我们，不完美的事物往往能激发更多的情感共鸣和思考空间。每个人都在追求完美，甚至有人为了追求它花费了自己一生的时间。我们知道，人们在追求完美的过程中可以不断地完善自己，充实自己，使自己变得越来越优秀，这是一种积极向上的表现。但如果我们过分地追求完美，那就会变得焦虑。此时的完美就是一个美丽的陷阱，诱使我们陷入泥潭，受尽折磨。

无论什么事物，都有它的极限，如果我们抱着不能得到理想中的结果就不罢休的想法，以及置事物本身于不顾的态度，那我们只会品尝到苦涩的果实。要明白，这个世界上存在的东西都有一个度，有时候，瑕疵和缺憾也是一种美。

有的人认为，自身的完美主义体现的是一种对生活的认真态度，是一种积极、正确的行为。其实不然，过分追求完美会让你失去生活的乐趣，因为你对完美的向往已经完全蒙蔽了你的双眼，让你看不到沿途的美景。过分追求完美会让你很焦虑、很累，因为无论你怎么努力都达不到所谓的完美，你会否定自己所有的努力和汗水，抱怨命运的不公。

我在旅游时遇到过一位六十多岁的老人，他没有结过婚，过着到处旅行、流浪的生活。他每天都忙忙碌碌，每天都愁容满面，也许是还没有找到想要的东西的缘故。

我当时问他在找什么，他说："我在寻找一个最完美的女人，我要娶她为妻！"

我继续问他："找了那么多年，去了那么多地方，难道你就没有见到过一个完美的女人吗？"

"有的，我碰到过一个，那是仅有的一个，她真是一个完美的女人！"

"那你为什么没和她结婚呢？"

老人叹了一口气，满脸无奈地说："可是，她也正在寻找一个完美的男人同她结婚！"

这位老人之所以孑然一身，究其原因，都是追求完美惹的祸。老人因为坚持完美，因而错过了很多原本可以拥有的美好的东西。他不明白，完美是不存在的，生活更不可能有完美的结果。追求完美，人们便会对不完美的东西不屑一顾，这常常会使我们失去很多机会。我们无论是做人还是做事，都要面对现实，从实际出发。

我们只有学会不苛求生活中的琐碎小事，不一味地追求完美，才能拥有更轻松的生活。可是，完美主义者却偏偏给自己设定一个十全十美的目标，所有的事情都要求自己做到最好，一旦得不到预想的结果就会深深自责，甚至沮丧消沉，继而彻底怀疑和否定自己，这就是完全被完美主义束缚住了。这样的生活岂能轻松？岂能快乐？

我们总是希望自己不犯错误，把任何一件事情都做得完美无瑕，一旦犯了错误，没有把事做到完美，就会自责、抱怨，精神和肉体承受着巨大的折磨。何必这样呢？完美是不可能达到的，人只有懂得满足才能享受到生活的乐趣。无论做什么事情，只要我们真正努力过就应该感到满足，一味苛求完美是没有意义的。

我们要学会为自己的努力成果喝彩，哪怕只是一点点，这样才能有成就感，才是正确的选择，我们用这种心态才能正确面对生活中的不如意。换一种心态看待生活中的残缺，或许我们就能看到一片轻松的天地。

三种欣赏“残缺美”的方法：

1. 赏识独特性

残缺之处往往是我们与众不同的地方。它们赋予了我们独特性，让我们成为独一无二的个体。因此，我们应该学会欣赏自己和他人的独特之处，而不是追求完美的标准。

2. 寻找美的意义

残缺之美并不仅仅是外在的，还包括内心的成长和坚韧。在面对挫折、伤痛或失败时，我们可以从中寻找美的意义。这些经历塑造了我们，让我们更加坚强和有深度。

3. 创造新的美

有时，创造力和艺术是从残缺中诞生的。艺术家、作家、音乐家等常常从自己的伤痛和不完美中汲取灵感，创作出美丽的作品。因此，我们可以将残缺视为创造新的美的机会。

没有完成，哪里会有完美

没有完美的开始，只有开始才能走向完成，进而逐渐走向完美！

马克·扎克伯格曾说：“比完美更重要的是完成。”这句话强调了行动和实践的重要性，而不是一味追求完美。在现实世界中，我们往往等不到完美的时机，必须立即行动，通过实际的完成来不断改进和进步。

在我们周围，有这样一些人，他们工作认真、能力突出、勤勤恳恳，一些能力不如他们的人都已经获得了十分显著的成绩，他们却总是无法成功，究其原因是什么呢？在排除其他因素的情况下，他们很可能是陷入了完美主义的泥沼。

凡事都有个度，追求完美到一定程度就变成了吹毛求疵。如果不达到想象中的彻底完美便不罢休，那就是在和自己较劲了，长此以往，不但会让我们养成拖延的坏习惯，还会让我们的心里充满焦虑，我们自己也会渐渐承受不了这种越来越沉重的负担。

小陈是一个编剧，从学习创作剧本的那一天起，小陈就对自己的情节掌控能力非常自傲，他觉得自己写的作品一定能够大红大紫，他不允许自己的作品出现瑕疵，因此对剧本的要求异常苛刻。在他看来，剧本中出现错误，是不可饶恕的。

虽然是个新人，但他认为自己的水平绝对是大神级的，只要自己把作品交出去，影视公司就会争着抢着选用。然而，他又有些害怕。害怕那些影视公司“有眼不识金镶玉”，害怕没有人欣赏自己的才华，害怕自己的作品不被认同，害怕被影视公司拒绝。

被拒绝了，就代表他没有能力，他自己所谓才子的名头实际上都是浪得虚名，他并没有想象中那般优秀。这些，都是小陈无法接受的。

所以，小陈开始矛盾，并在矛盾中拖延，拖延写剧本，拖延交稿，不愿意将稿子送到任何一家影视公司。每当有人问起他的工作进展时，他都会说：“等我写好了，一定会大红大紫。”

至于剧本到底什么时候能够写好，恐怕小陈自己都不知道。

一个粉嫩新人能够变成大神吗？能！但那需要时间，需要积累，需要努力，也需要运气。

一个粉嫩新人能够立即变成大神吗？不能！如果能，大神们将情何以堪。

对自己的要求高一些，对自己的期许高一些，这没有错，没有高的目标，就没有进步的压力和动力。

金无足赤，人无完人，这个世界上从来都没有什么东西是完美的，虚妄地去追求本就不存在的绝对完美，只能让我们在拖延的怪圈中溺毙。

人生是没有完美可言的，完美只存在于理想中，工作和生活中总是有令人不满意的地方。事实上，追求完美的人是盲目的。“完美”是什么？是完全的美好。这可能吗？凡事无绝对，哪里来的“完全”？更不要提“完美”了。既然没有“完美”，那又为什么要去追求它呢？

为什么说完成比完美更重要？

1. 实际效果优于理论构想

在现实生活中，我们往往面临时间和资源的限制。追求完美可能导致无休止的修改和调整，而实际上，完成一个项目或任务才能产生真正的效果。完成意味着我们将理论付诸实践，并看到实际成果。

2. 学习和进步的机会

完成意味着我们走出了舒适区，面对了挑战。即使结果不完美，我们也从中学到了许多。每一次完成都是一次学习和进步的机会，而追求完美可能让我们陷入停滞不前的状态。

3. 积累经验和信心

在完成的过程中，我们积累了宝贵的经验。每一次完成都是一次锻炼，它让我们更加自信和成熟，而完美主义者往往因为害怕失败而错失了这些机会。

爱情可以有理想，但更要接受现实的不完满

生活就是自己哄自己，把自己劝明白了，什么都解决了。

莎士比亚曾说过：“真实爱情的途径并不平坦。”在现实生活中，爱情可能伴随着误解、失望甚至痛苦，但这些经历也让爱情更加真实和有价值。它教会我们耐心、理解和宽容。

小时候，我们总是喜欢捧着童话书看，却从来不知道真正的王子和公主是什么。长大了，我们幻想遇到属于自己的王子或公主，虽然不知道他什么时候会出现。

可是现实生活中真的有王子和公主吗？是不是每一段爱情都能像我们想象的那么美好呢？世界上真的有童话般的爱情吗？

平凡的世界里，往往很难像我们预计的那样美满。毕竟那些王子公主的童话只是作家编撰出来的故事，是一种现实的升华。现实中的爱情往往是平淡的，眼睛总是盯着那些虚无的幻想，也许会错过身边很多真实风景。待到年华已逝，发现童话世界的不可靠，再回过头来寻找现实中的美好，那时候恐怕已经人去楼空了。

那些还在做梦的青年男女们，赶紧醒过来吧！身边的平凡爱情才是一生的归属，那些童话般的梦，终究只是闲来无事时的一种幻想罢了。

小月是个可爱又浪漫的女孩，她从18岁起就幻想自己一定要遇到

心目中的真命天子——他有一双清澈的眼眸，笑起来会露出白净整齐的牙齿；她希望他会写一点小诗，有时候有点忧伤，有时候又很开朗；他还是个体贴的男人，会在她不开心的时候哄她，会偶尔给她制造一些小浪漫。

现在的小月已经28岁了，但是她至今没谈过一次恋爱。其实她的身边不乏追求者，却没有一个符合她心目中的标准，她是个固执的女孩，即使有时候也会羡慕身边的朋友都成双成对，她总是告诉自己要“宁缺毋滥”。

后来，她换了一份工作，偶然发现自己的老板几乎符合她心中白马王子的一切标准，从看见这个男人的第一眼开始，小月就爱上了他。经过一段时间，老板感觉到了小月对他的感情，于是也开始对小月产生了超过上司对下属的那种关心。小月觉得自己就像是童话里的公主一般幸福，这样的幸福感让她觉得既兴奋又不真实。

可是，突然有一天，一个穿着贵气的女人闯进了办公室，拿起桌上的水就朝小月泼过去，还骂了很多难听的话。小月这才明白，自己一直追求的崇高爱情，原来是别人眼中最不齿的婚外情。她仓皇地逃出了办公室。

后来，老板又打电话来，小月没有接他的电话。她的心像是从天堂摔到了地狱，曾经那么向往的美丽爱情，到头来也不过如此，她梦里的那个王子竟然是个如此荒唐的男人，她恍然间觉得自己是那么的可悲、可笑。

也许幻想会让爱情蒙上一层美丽的面纱，当那层虚无的面纱揭开时，你是否能承受得起那份美丽背后的现实呢？不要把爱情编织成一个超出现实的梦，也不要期望身边爱你的那个人变成你想象中王子（公主）的样子，这样的奢望只会让你在幻想中慢慢地失落，更会慢慢变得焦虑，从而变得一无所有。

还是让我们珍惜眼前人吧！也许，此刻站在你身边的那个人，离你想象中的标准差了很多，但他可能是这个世界上独一无二且最爱你的那个人；也许，他在你的生活里从来没有制造过一点点惊喜，你们的日子每天都围绕着柴米油盐，但平凡之中你们成了彼此的习惯，他一句关心的话，一顿早餐都是浪漫的积累啊！

现实世界中为何不建议追寻童话中的完美爱情？

1. 完美是主观的

每个人对于完美爱情的定义都不同，这种多样性意味着不存在一个普遍适用的“完美”模式。对你完美的东西，对对方未必如此，过度要求的结果是双方的满意度很难契合，这也是你迟迟找不到对象的原因。

2. 爱情涉及两个独立的个体

每个人都有自己的需求、愿望和缺陷，这些差异需要通过沟通来协调，而不是追求一个不存在的理想状态。

3. 生活中的压力和挑战是不可避免的

压力和挑战考验着伴侣之间的关系，真正的爱情能够在困难中成长和适应，而不是在一个永远完美的幻想中停滞不前。

因此，接受爱情的不完美，学会珍惜和培养现实中的关系，可能是更为明智的选择。

对丈夫无关痛痒的“黑点”，可以选择接纳或忽略

每个人都有自己的缺点，当我们接纳他这个人的时候也一并接纳了他的缺点，如果想把他的缺点剔除，只是自己跟自己较劲，和他人无关。

法国作家雨果曾经说过：“有许多可爱的女性，但没有完美无缺的女性。”这句话同样适用于男性，它提醒我们，无论男人还是女人，都不可能达到完美的境界。

世界上没有完美的男人。当你和老公生活在一起的时间逐渐变长，双方都会缩小对方的优点，放大对方的缺点，这就需要一个磨合的过程。有的女人在发现老公的某一缺点时，总会揪着他的这个短处不放，并且成为每次争吵时攻击的目标，这样的做法是相当不明智的。

夫妻之间想要拥有幸福的婚姻生活，需要的就是宽容和谅解。婚姻质量好的前提就是彼此之间包容，发现对方的长处，忽略对方的不足。如果你死盯着他的短处不放，自己自私的一面就在无形中被暴露出来。如果总是提到老公的不足，不仅伤害了老公的自尊心，更加速了婚姻走向破裂。

齐露的老公有便秘的毛病，每次上厕所都要40分钟甚至1小时，而齐露一开始并不知道这个情况。齐露有一天早晨起来着急去厕所小便，发现老公也在卫生间，齐露就问老公多久能“解决战斗”，但是一直没得到老公的回应。

齐露害怕了，她认为是不是老公在卫生间里昏倒了，就突然把卫生间门打开，“老公你怎么了？你怎么不回答我啊！”老公一脸通红，非常尴尬。齐露很生气，质问他为什么不出声让她担心。她老公说上厕所不能说话否则会肾亏。

后来矛盾升级了，齐露的老公每次都起来得比齐露早，所以齐露每天早上都要忍很久才能上厕所。于是齐露要求她老公在早上去厕所之前先叫一下她，她只要 1 分钟就搞定了。但是齐露的老公早上从来没叫过她，所以齐露开始反击。她每晚很早就睡觉，为的就是第二天一早先老公一步把卫生间“抢到”。

现在换成齐露的老公踹门了，后来发展成用椅子砸门，再后来吵架齐露都是拿老公上厕所的事作为导火索，最后的结果就是离婚。

每个人都有一些或大或小的毛病，如果女人们能用一颗宽容和理解的心去对待自己的老公，遇到问题的时候商量着去解决，这些毛病不仅不会成为婚姻的绊脚石，可能还会转化成夫妻间的浪漫元素。女人一定不要揪着老公的短处不放，更不要在每次吵架的时候揭老公的短，让他的自尊心受到伤害，导致双方身心疲惫、焦虑难安，最后导致不可挽回的结果。

生活中，每个人难免在无意间会犯下一些错误。你犯错误的时候得到了别人的宽容和原谅，当别人犯错的时候，也请你用这样的方式去对待别人。紧抓老公的错误不放，自己会比他更痛苦。同在屋檐下，夫妻间不应该总是戴着放大镜去看待对方。

一个女人刚结婚不久，她总喜欢在父母面前抱怨老公的不是。父亲听了，在一张白纸上画了一个黑点。然后，他拿着这张带有黑点的白纸问女儿:“白纸上面是什么啊?”“当然是黑点啊。”父亲再问:“那你还能看到什么呢?”女儿仍然说:“我只能看到一个黑点啊!”父亲说:“难道除了黑点,你就看不到这么一大片白的地方吗?”聪明的女儿马上理解了父亲的用意。

回到家中,她换了一种眼光看丈夫。观念的转换,让她发现了丈夫身上的优点和闪光点,她这才想起那句话,“入芝兰之室,久而不闻其香”,原来自己总是在放大丈夫的不足而忽略了他的长处啊!

很多的女人都对丈夫的“黑点”一目了然,如果一“点”障目,天长日久,就会越看越黑,因此,夫妻感情难免被看出枝枝节节,等到修剪时就困难重重了。俗话说,“金无足赤,人无完人”,事物都有正反两方面。如果你只看到黑点,那么,你的世界只会是一片黑色,它让你产生了诸多负面情绪,这些负面情绪使你丧失了原本属于你的幸福感;如果你看到的是一片白色,那么,你的心境将会变得无比清净,焦虑和争吵也将会在你的世界里不复存在。

在对待丈夫无关痛痒的“黑点”问题上,我们可以视而不见,多些包容和谅解,才可以在会心一笑中擦去“黑点”。而看到整张白纸就会变得宽容,从而增长一分理智,拥有一颗暖人的爱心。

女人们,请收起挑剔的目光,拿起扩大优点的放大镜,以律人之心律己,以恕己之心恕人,你会发现那个黑点竟然是那么渺小,你不会再因此而烦恼,你会为自己还能拥有这么多白色的地方而庆幸。你心中有了这张白纸,老公的短处也就变得微不足道,随之你们的婚姻生活也会变得幸福和谐。

给婚姻中女性的一些建议：

1. 沟通与理解

经常与丈夫进行开放和诚实的沟通，尝试理解对方的观点和感受，这有助于相互理解和尊重。

2. 接纳与鼓励

面对丈夫的“黑点”要学会接纳，他本来就是这样的。在丈夫面临挑战或需要帮助时给予鼓励和支持，同时在他取得成就时给予赞美，这能够加强彼此的情感连接。

3. 共同成长

与丈夫一起设定共同目标，并致力于实现它们，这不仅能够促进个人发展，也能够增强作为一个团队的合作和协调，共同为维护这个小家而努力。

通过这些方法，婚姻中的女性可以与丈夫建立更深层次的联系，共同创造一个充满爱和支持的家庭环境。

第七章

直面你虚荣的面具下的真实，才是最好的释然

你是风啊，别怕大山，翻过它就是了。

尊重所有声音，但只成为自己。

满怀希望就会所向披靡。

失落时悄悄伸出手和风击个掌，

我们会感受到自己那般渺小，

没关系，那也是真实且无可替代的自己。

每个人都有虚荣心，这点不必刻意回避。适当的虚荣心可以让人上进，但如果虚荣心过剩，就会给生活带来无尽的烦恼，会在不断地攀比中迷失自我，产生痛苦、焦虑。面对这种情况，唯有看学会看淡，在生活中找到更有意义的事情，专注于自己的生活，才会重新找到快乐，焦虑才会消失。

不要因面子，使生活背上沉重的枷锁

人一定不能贪慕虚荣，虚荣心太强就会被蒙蔽双眼，认不清自己和世界，人生之路一定失败。

华为创始人任正非曾说过：“为了面子坚持错误是最没有面子的事情。”在面对社会期待和个人信念之间的冲突时，选择诚实和正直，即使这可能会短暂地损害我们的社会形象，但最终也会赢得更深层次的尊重和对自我价值的肯定。

虚荣心和面子总是息息相关，爱面子的人常常活得很焦虑。一个人只要有追求荣誉的欲望，就不可能没有虚荣心。对于爱面子的人来说，虚荣心是种扭曲了的自尊心，是为了取得荣誉和引起普遍关注而表现出来的一种社会情感。他们的虚荣心是自欺欺人，爱面子就是为了保护自己的虚荣心。

《新商报》上曾经登过一篇文章：《孩子不认亲妈妈》。

一个一年级的小学生看到其他同学每天上下学都有专车接送，很是风光。而自己的父母却是普通工人，坐在自行车上经常被同学们看不起，他就恳求做生意的姑姑开车送自己上学。这种要求得到满足后还不算，这个小学生居然告诉同学们，姑姑才是自己的妈妈，而以前来送自己的妈妈却被说成是保姆。

小小年纪竟如此爱慕虚荣。这是为什么呢？

如今，随着人们物质生活水平的提高，不仅在成人中，甚至在许多未成年的学生中，过分的虚荣心也在不断膨胀，眼前的物质往往满足不了他们的欲望。有的同学在庆祝生日时，所送的礼物虽然自己的经济能力承受不起，但为了避免人家说他穷、小气，也要“打肿脸皮充胖子”。

扭曲的自尊心就是虚荣心，这也是过分自尊的表现。有些人无论何时何地，总要表现出高人一等，这就是太爱面子的虚荣表现。虚荣心强的人总是活在自欺欺人的幻想中，可结果往往欺骗不了别人，只能自己欺骗自己，给自己带来许多焦虑。

某市一个挺漂亮的大学生通过网络认识了一个比她大 6 岁的男人，此男自称毕业于名牌院校，父亲是企业家，母亲是公司股东，自己也有一家公司。而且那男人穿戴的都是名牌，女孩很快倾心于他。交往一个月后，男人提出要带女孩去见自己的父母，于是女孩就在取款机上取了 7000 元给男人，准备和男人一起去买礼物。男人随后又提出去帮女孩买水喝，结果一去不返。

虚荣心是个坏东西。有位心理学家说:“虚荣是使人走向歧途的兴奋剂，虚荣心能燃起一个人的邪念，使人失去理智，最后导致终生的遗憾。”那些太爱面子的人，谈吐行为无一不清楚地展现出虚荣的气息。于是，骗子往往能从他们身上找到突破口。

在经济飞速发展的今天，人们的虚荣心越发膨胀，从爱慕物质、爱慕钱财、爱慕地位走向爱慕荣誉、抛头露面等方面。时代越发展，对人们的诱惑就越多，虚荣心的表现也会层出不穷。人们的虚荣心也同时在不断膨胀。一般来说，虚荣心很强的人缺乏自知之明，会过高估计自己的长处。

一旦在某方面达不到自己的要求或比不上他人，就会用虚假的东西来掩饰。可是，这正好让骗子钻了空子。

某些人的虚荣心也许还不至于让骗子得逞，但只要有虚荣心，就有人能从你身上找到缺口，进而掌握你的弱点。因此，要根除爱面子的弱点，就需要抛弃自己过分的虚荣心。

虚荣具有潜伏性，如果你不知道自己的虚荣心有多强，可以测试一下，看看你是不是很爱面子的人。

(1) 在外面吃饭，常常剩下很多。

(2) 不管是衣服还是小饰品，你都爱挑名牌的买。

(3) 买不起的东西，就算分期付款也要买。

(4) 多次因受不了店员推销而买下商品，回到家却后悔。

(5) 参加宴会时，发现别人穿得都比你时髦，你会很早就离开。

(6) 买东西的时候，即使价格很低的，你都会用大面值钞票请人找钱给你。

(7) 除了虚荣心强，你还是一个输不起的人。你非常在意周围的人怎么看你，老爱跟别人比。

(8) 常常为了夸耀自己，不惜说出一大堆的谎言来欺骗别人。

如果以上这些你占了半数以上,那说明你的爱面子心理已经非常严重了。

好面子的人往往最没面子，这样的人缺乏自信。显然，没有人会为他们的虚荣买单。只是终日被自己好强的心理牵着鼻子走，形成了越来越明显的偏差，徒增了生活的负担。那些太爱面子的女人，不妨收起你那为数不多的奢侈品衣服和背包吧，穿戴它们上班、逛街绝不是一件多么值得炫耀的事情;男人也要改变自己爱吹牛的习惯，不要再用这种方式来显示自己的强大。

爱面子会给人带来哪些不好的影响？

1. 社交压力

追求面子和虚荣心可能导致社交压力的增加。人们常常试图在他人面前展示最好的一面，以保持体面和受人尊敬。这可能导致过度焦虑，因为他们担心自己的形象是否足够好，是否能够满足他人的期望。

2. 不健康的竞争

面子和虚荣心可能导致不健康的竞争。人们可能会过分关注外在表现，而忽视了内在的成长和幸福。这种竞争可能导致人陷入疲于奔命的状态，不断追求更高的社会地位、更多的财富和赞誉。

3. 自我否定

追求面子和虚荣心可能导致自我否定。当人们无法达到自己设定的标准时，他们可能会感到失落、焦虑和沮丧。这种否定可能会影响到他们的心理健康，甚至导致抑郁症等心理问题。

因此，我们应该更加关注内在的成长和真正的幸福，而不是过分追求外在的虚荣和面子。

盲目追逐别人，逐渐迷失自我

一个人成熟的标志是正确看待自己和他人，要学会让别人做别人，让自己做自己。

高尔基有句名言："只有我自己才是我的生命和我的灵魂的唯一合法的主人。"这句话强调了个体的独立和自主，提醒我们不要过分依赖他人的标准来衡量自己。

总有些人在生活中喜欢和别人一较高下，工作职位比别人低，收入比别人少，就会自怨自艾，抱怨上天不公。他们常常拿别人的标准来衡量自己，自己给自己制造焦虑和迷茫，使自己内心不得安宁。

老夏和老张是老同学。大学毕业的时候，他们被分配到同一个县机关单位上班。他们都是从机关的基层干起，可是没过几年，老夏就被调到市里去了，后来又顺利地被调到了省里，官越做越大，人也越来越意气风发。

可是老张的运气就不那么好了，他在那个县机关单位里默默无闻地一待就是20年，从年纪轻轻眼看熬到了斑斑白发，却还只是个小公务员。

有一次同学会，老夏满面红光、意气风发的样子，让老张心里嫉妒得发狂：自己哪方面比他差？想当初在学校的时候，自己门门功课都比他好。之后，老张总是想起自己与老夏天壤之别的生活，他的心里憋着一股气。

这天下班后，心情不好的老张去了一家餐馆，一个人在那里喝闷酒。因为人多，有人就坐在了他的对面，看他闷闷不乐，就问他：“看您心情不好，为了什么事发愁呢？”

老张一仰头就干了一杯，然后叹了一口气说：“你不知道，我这辈子真够倒霉的，我在机关里熬了20年，如今还在原地踏步。”老张边说边又给自己倒满酒，“可是和我一起毕业的同学早就爬到省机关了，你说我怎么这么命苦呢？他有什么能耐？他凭什么就受重用？不就是嘴巴甜一点吗？”

老张心里始终放不下，开始日日酗酒。在一年后的一次体检中，老张被查出患了肝硬化，医生说是喝酒太多导致的。

每个人的命运都是不尽相同的，这注定每个人的人生都将是千差万别的。有些人总习惯拿别人的标准来衡量自己，他们看见别人某方面比自己强就心理不平衡、焦虑，进而对自己提出各种苛刻的要求，或者抱怨不公平的待遇。

杨小文在一所名牌大学读完研究生后进了一家著名的外企工作，同事都要么没有她的学历高，要么专业没她的好。为此，她很有优越感，觉得自己肯定会比这些人更容易得到重用。

两个月后，当她仍然在做最基础的工作时，上司居然提拔了只有本科学历的于晓月做办公室副主任，负责结算工作的审核，这让杨小文感到失落和愤愤不平。

她想不通为什么是这样，她觉得上司对人不公。她整天想着这件事，甚至无心工作，只想赶快跳槽。这天，在结算时，她因为分心而把一笔投资存款的利息重复计算了两次，虽然没有给公司造成实际损失，但整个公司的财务计划却被打乱了。

事后，杨小文并没有觉得自己犯了多大的错误，她觉得这不过像是做错了一道数学题一样，只要改正过来，下次注意就是了。她的这种满不在乎的态度让上司很不放心，以后再有什么重要的工作就总找借口把她“晾”在一边，不再让她参与了。

杨小文更觉得不公平了，当她的抱怨传到上司耳朵里的时候，上司找她谈话说:“其实，我们最开始的计划是让你在基层锻炼一段时间，然后让你担任更重要的职务。不过，让我们很失望的是，你一直在抱怨我们对你不公平，却没能做好最基础的工作。所以，并不是我们没有给你机会，而是你自己不懂得把握机会。”

没过多久，杨小文就不得不辞职了，而她也终于知道，她不是败给了别人，而是败给了自己。

盲目的攀比只能让自己徒增焦虑感、哀叹命运的不公，这实际上就是在摇首叹息之际将自己的命运交给了别人，在自毁前途。

在现实社会中，总有那种永远都能看见别人身上的好处却看不到自己身上的亮点的人，他们整天追随别人的生活，却从不合理地安排自己的生活。对于一直追随别人生活的人来说，过度的虚荣会让他们在落后中自寻苦恼，从而形成强大的压力，徒增焦虑感，最后迷失自己。

给对他人过度关注以致忽略自我提升的人一些建议：

1. 自我反思

花时间去认识和理解自己的内在价值，而不是仅仅依赖外界的评价。通过日记、冥想或与心理咨询师交谈等方式，可以帮助个体深入探索自己的优点和不足，从而减少对外界认可的依赖。

2. 社交圈子的调整

有意识地选择那些能够提供正面支持和鼓励的朋友和社交圈子，避免那些过分注重物质成功和外在形象的群体，从而找到那些能够欣赏个人内在品质的社交环境。

3. 技能和兴趣的培养

通过发展个人的技能和兴趣，建立起自信和自我效能感。当个人能够在某个领域或活动中感到自豪和满足时，外界的评价就不再是自我价值的唯一来源。

通过这些方法，个人可以逐渐减少对面子和虚荣心的依赖，从而缓解焦虑感。重要的是要记住，每个人的情况都是独特的，找到适合自己的解决方法可能需要时间和耐心。

过度的虚荣心，源自过度的自尊心

自尊是一个人自我尊严的一种合理需求，但是自尊心过强就是可怕的自卑感在作祟。

法国哲学家亨利·柏格森曾经说过：“真正的谦虚只能是对虚荣心进行了深思以后的产物。”当一个人经过深思熟虑，理解到虚荣心的本质和它对个人行为的影响后，他们可以培养出一种更为真诚的谦逊态度。

人们的焦虑往往来自过度的虚荣心，而这份虚荣心通常又是过度的自尊心所引起的。很多时候，焦虑的心情往往是希望自己过上高人一等的生活，而现实中又无法达到，从而每日都焦虑不安。

在国外某机场，一位贵妇在乘坐飞机时，看到身边居然是位黑人，马上把乘务员找来，大声地抱怨：“我花钱是为了享受，你们却把我安排在这里！我可受不了坐在这种地方，马上给我换个位子！”周围的人对她这种做派很反感，但是也没人说什么。

“很抱歉，女士。”乘务员回答，“今天的班机已客满，但是为了满足您的需求，我可以去为您查查看还有没有空位。”

贵妇听后感到很有面子。

几分钟后，乘务员带着好消息回来。

“这位女士，很抱歉，经济舱已经客满了，我也向机长报告了您这个特殊的情况，目前只剩头等舱还有一个空位……”

贵妇得意地看着四周的乘客，起身准备移往头等舱。

可此时，乘务员微笑着对那名黑人乘客说：“虽然这种情况是我们从未遇见的，但机长认为要一名乘客和一个厌恶他的人同坐，真是太不合情理了。先生，如果您不介意的话，我们已经为您准备好了头等舱的位置，请您移驾过去。”

此时，周围的乘客起立热烈地鼓掌，贵妇则羞愧地低下了头。

低调做人，敛起锋芒。人生不能总是风光。风光时，故意显摆招人厌，死要面子的人，常常会丢了面子。抛弃爱面子的沉重压力，保持一颗平常心。与虚荣心相对照的就是一颗平常心。顺其自然，淡泊生活。

生命的真谛在于和平、自由，拥有一颗轻松自在的心，认真地做自己，这也是一种美好的生活。那样，即使你的人生没有荣耀和光环，你也可以发现平常日子中那些令人感动和欣喜的东西。你会读懂一枝一叶、一花一草所散发出的清香和温馨，你会品味出琐碎日子中的甜蜜和幸福。做一回真实的自我，你会感到无比的轻松。

山区里，一匹马战胜了一只偷鸡的豺狼，因此，主人在它脖子上挂了一朵大红花，在马场上绕行一圈，让所有的马都向它行礼致敬。

这时，一匹小马对它说：“你真了不起，你获得了如此大的荣誉，这在我们马族的家族史上是绝无仅有的，真令人羡慕啊！”

谁知这匹战马淡淡地说：“这有什么好羡慕的，我不过是尽了我的本分而已。”

三个月后，这匹战马在战场上受了重伤，因为无法医治，兽医决定把它送进屠宰场。在进屠宰场时，它又与以前的那匹小马不期而遇。小马说：“老兄，想想三个月前，你是何等的威风，现在的处境居然这样悲惨，连我们都不如。一个英雄落到这种地步，你的面子都丢尽了。”

谁知，受伤的马平静地说：“这没有什么好悲伤的，我只不过是比你们早走一步这条大家都要走的路而已。”

人的一生如簇簇繁花，不能事事如意，既有盛开耀眼之时，也有暗淡萧条之日。不管是荣还是辱，我们都应该以平常心待之。不能因为曾经的荣耀就趾高气扬，也不能因为失意就感觉无脸见人。过分地在乎荣辱，烦恼就会滋生。人们只有把面子抛在脑后，才不会被荣或辱左右情绪，才会为自己赢得一个广阔的心灵空间。

凡是取得伟大成就的人们，他们都懂得低调行事，不会因为要满足自己的虚荣心、为了自己的面子而投资太大。相反，他们非常懂得克制自己，时时保持一颗平常心。

赵匡胤当皇帝后，他最宠爱的昭庆公主认为这下可要好好地“秀”一把了。

有一次，昭庆公主在宫中观看行宫仪仗时，发现用翠鸟羽毛作装饰的旗子非常好看，回宫后就别出心裁地命人用翠羽装饰做了件外衣，穿上后对着镜子左照右照，心中尤为得意，在宫内走来走去。当然，人们免不了恭维一番，公主的虚荣心得到了极大满足。

就在她感到十分快活时，不料被赵匡胤和一群大臣们撞上了。公主想躲开，却被赵匡胤喝住说：“你把这件衣服脱下来，以后不准再穿。”

公主不以为然地说：“这件外衣只是用翠羽稍微装饰了一下，没什么大不了的啊！”

面对公主的狡辩，赵匡胤感到十分生气，厉声斥责道：“你怎么能这样说，翠羽价格高，要浪费多少钱财呀？你的生活已经非常优越了。”然后还撩起龙袍说：“你看看，这袍子我都已经穿了三年了，到现在不还是穿得好好的吗？”说得公主无言以对，只得勉强将翠羽外衣脱掉。

有一天，赵匡胤与昭庆公主在一起聊天。公主乘机对赵匡胤说：“父皇，你身为大宋圣明，可惜坐的轿子太没面子了，应该好好装饰一下，以显示我大宋国富民强啊！”赵匡胤深有感触地说：“但我身为天子，理当为天下管理好财富，岂可滥用？如果我只想一人荣华富贵，百姓还对我抱什么希望呢？再说，我和历代圣明的君主相比，还差得远啊！他们都能安于平淡朴素的生活，我有必要用金银装饰自己的门面吗？国富民强才是最大的面子啊！”

赵匡胤说得昭庆公主哑口无言，自觉惭愧。从此之后，昭庆公主也带头收敛起来，和其他宫女一样，平淡做人，素面朝天。而且，在赵匡胤的影响之下，宫里宫外，朝廷上下，都以穿戴质朴为荣。

在物质生活优越的今天，人们可以适当享受，但不能为了满足一己虚荣而铺张浪费。如果你有着强烈的虚荣心，正确的办法是把虚荣心转为上进心。特别是那些华而不实，盲目攀比，赶时髦，讲排场，只求面子上的好看，虚荣心太重的领导，不妨在这方面学习一下赵匡胤，改掉自己好大喜功的毛病。

自尊心过强会带来哪些影响？

1. 人际关系紧张

当一个人的自尊心过于膨胀时，他们可能会变得自负和傲慢，这会使他们难以接受他人的意见和批评。这种态度可能会导致与家人、朋友和同事之间的关系紧张，因为他们可能会感到被忽视或不被尊重。

2. 发展停滞

过度的自尊心可能会阻碍个人成长和发展。这些人可能会因为害怕失败或害怕损害自己的自尊而避免面对挑战和尝试新事物。结果，他们可能会错过学习新技能和拓展视野的机会，长此以往可能会限制他们的职业发展和个人成就。

3. 决策失误

自尊心过强的人可能会过于自信，从而在决策时忽视重要的信息和反馈。这种过分的自信可能会导致他们做出不理智的决定，这些决定可能会对他们自己和周围的人产生负面影响。

总的来说，适度的自尊心是健康和必要的，但是当它变得过分时，就可能会带来一系列负面的后果。认识到这一点，并通过自我反思和开放的心态来平衡自尊心，对于个人的心理健康和社会功能都是至关重要的。

过度的欲望，会让人迷失方向

当被欲望控制时，你是渺小的；当被热情激发时，你是伟大的。

随着社会的发展，人们对于金钱和物质的追求越来越强烈，欲望的沟壑已经淹没了人心，使人们随着欲望沉浮，在人生的海洋上焦虑不安、茫然不知所措，更无法找到最初的方向。毋庸置疑，欲望已经进入了极度膨胀的时代，人心也变得贪婪，被各种物欲挤压，失去了原本的纯真和善良。金钱、名利和权势固然重要，也的确能够给我们提供物质上极其丰富的生活，但是那一切真的是我们人生的所有追求，并且也能给我们带来纯粹极致的快乐吗？当然不能。任何情况下，被欲望胁迫的生活，在欲望满足的那一刻也许会得到片刻满足，但最终会变得空虚，再也无法找到内心的宁静。

很多时候，我们的心之所以不安宁，我们的人生之所以焦虑不安，并非完全因为外界的喧嚣，而是因为我们内心的贪婪和无知。不可否认，人有很多劣根性，其中贪婪就是最严重的一条，它会给生活带来很多的负面影响。唯有超然物外的人，才知道生命的最终目的是获得体验和感受，而所谓的身外之物，哪怕代表着金钱、名利，也只是生不带来、死不带去的“浮云”。

现实生活中，很多富翁为了赚取更多的金钱，总是不遗余力地拼搏，甚至每天根本抽不出时间来陪伴孩子和家人。直到年华老去，积劳成疾，他们才意识到前半生拿命换钱也许可以实现，但是后半生用钱买命，却是万万不能的。所以哪怕他们再怎么努力，愿意付出所有来换回健康的身体，来争取更多的时间陪伴生命中最重要的人，也是不可能了。

人生短暂，与其等到不能挽回时再追悔莫及，不如从现在开始就努力看开一些，豁达对待人生，从而摆脱欲望的驱使，成为欲望的主人，从容安然地安排和享受生活。

作为音乐学院的学生，朱莉自身条件不错，不但长得漂亮，而且身材高挑，非常出众。早在大一时候，朱莉就谈了个男朋友。因为朱莉家境富裕，男朋友家也有家族企业，所以朱莉早早地就过上了“富太太”的生活。在学校里，朱莉成为风尚的引领者，几乎每天穿的衣服都不带重样的。偶尔，她是可爱的萝莉；偶尔，又是成熟干练的职场女性；偶尔，还是淑女风或者熟女风……总而言之，学校变成了朱莉的秀场，她每天都在不遗余力地展现自己的美丽。很多女生都羡慕朱莉，朱莉为此更加沾沾自喜起来。

有一次，朱莉过生日，已经有了满柜子的包包、鞋子和数不清的漂亮时装的朱莉，居然要求男朋友送她一辆跑车。虽然男朋友向来挥金如土，对朱莉也有求必应，但还是觉得以朱莉的学生身份，开一辆跑车未免有些太扎眼，而且他和朱莉毕竟只是恋爱关系，也没法和父母提出要几百万元的跑车送朱莉。男朋友拒绝了朱莉的请求，朱莉为此感到很不满意。

一个偶然的机会，朱莉认识了社会上的一位男性。这位男性人到中年，事业有成，是一家上市公司的老总。虽然他已经有老婆孩子，但他依然被青春靓丽的朱莉吸引住了。为此，他送了一辆跑车给朱莉来表示他的爱意，并且邀请朱莉住进他位于郊区的别墅中。就这样，朱莉成为这位男士的“金丝雀”，完全荒废了学业。十几年后，朱莉人老珠黄，她昔日的同学早已经在音乐上有了造诣，她却被这个男士抛弃了，成为整日哀怨、以泪洗面的弃妇。

毫无疑问，朱莉选错了人生的道路，在欲望的驱使下距离人生本来应遵循的轨迹越来越远。殊不知，物质的欲望就像无底深渊，若不能合理控制自身的欲望，就会被欲望蒙蔽眼睛和心灵，甚至完全迷失人生的方向，变得越来越焦虑、沉沦。

现代社会，奢侈品市场异常火爆，就是因为这个时代有很多在欲望中迷失的人。还记得《渔夫和金鱼》的故事吗？如果不是因为老太婆那么贪婪，总是不断地提出更加过分的要求，也许贫穷的渔夫和老太婆早就过上了幸福的生活。欲望就像一个肥皂泡，如果不断地吹啊吹，这个肥皂泡一定会彻底破掉。要想让欲望对生活起到积极的作用，我们就不能过分地吹这个肥皂泡，而要让其保持在最美丽的、大小适度的状态。

欲望过度会给人带来哪些负面影响？

1. 失去平衡

欲望是一把双刃剑。追求激情、财富、权力或其他目标时，我们可能会失去生活的平衡。沉迷于某种欲望时，我们就容易忽视其他重要的方面，如健康、家庭、友情或精神成长。这种失衡会导致内心的空虚和不满。

2. 破坏关系

欲望有时会引发冲突，破坏人际关系。例如，贪婪的欲望可能导致争吵、背叛或疏远。沉浸在某种欲望中时，我们可能会伤害身边的人，失去珍贵的友情或亲情。

3. 焦虑和不满

欲望常常伴随着焦虑和不满。我们追求的东西越多，内心的压力就越大。无论是物质欲望、职业发展还是社交地位，我们总是得不到满足。这种不满足感可能导致焦虑、抑郁和身心健康问题。

知足常乐，遏制非分之想

遇见的都是天意，拥有的都是幸运，不完美又何妨，万物皆有裂痕，那是光照进来的地方。

苏格拉底有句名言:“知足是天然的财富，奢侈是人为的贫穷。”这句话提醒我们在快速变化和物质丰富的现代社会中，保持一颗知足的心，是获得真正幸福的关键。

当我们的心中充满非分之想时，我们的人生必然会徒增焦虑。所谓非分之想，顾名思义就是想那些不该想的事情，不可能实现的事情，也包括那些超出我们的能力范围、与我们的身份地位完全不相符的事情。这些事情虽然可以想，但是却没有实现的可能，因而总是给我们的生活带来无限的烦恼，让我们心浮气躁，无处安放自己的内心。

例如，有些人明明能力达不到，却偏偏梦想着自己有朝一日飞黄腾达，发大财、当大官，这样不切实际的想法只会使他们陷入白日梦中，甚至不再努力面对现实的生活。还有些人，好好的工作不干，不是做生意的料，却偏偏要与人合伙做生意，这也是非分之想。

现代社会最普遍的非分之想，就是很多男人或者女人，对于自己的另一半不满意，这山看着那山高，不掂量掂量自己的分量，却总是不切实际地想要拥有更多。不得不说，这些非分之想打乱了人们的生活，使人们认不清自己。

现代社会虽然发展迅猛，整个世界都日新月异，但是超快的生活节奏和巨大的工作压力，使得人们越来越浮躁，动辄就会吵闹得不可开交，社会上的很多恶性事件往往并非起源于深仇大恨，而只是一言不合。特别是在现代职场，很多人整日上蹿下跳，不想着做好分内之事，却总是在背地里使坏，想要通过贬低他人来抬高自己，更想着不劳而获，赢得人生的更多可能性。这样一来，职场被他们搅得乌烟瘴气，原本那些全力以赴、踏踏实实工作的人，也变得焦虑不安、心浮气躁，整个职场的环境变得更糟糕。

实际上，不管是在现实生活还是工作中，我们每个人都应该实现自己的价值，贡献出自己的力量。整个社会就是一个大家庭，每个人都是这个家庭的一分子，只有作为个体的因素更加稳定，社会才能戒骄戒躁，进入良性发展。在生活中，我们一定要脚踏实地。毕竟，我们最终只能用实力为自己代言，而不是只靠着三寸不烂之舌就想搞定人生。

大学毕业后，马玉就进入一家律师事务所工作，从最基础的工作做起。刚开始时，他收入很低，也不稳定，幸好他的妻子苏雨是个精打细算会过日子的人。虽然也毕业于法律系，但是苏雨却没有进入律师行业。她说："律师是需要有经验才能出名的，要慢慢熬。咱们家里你一个人当律师就好，前期我先去做销售，这样也能贴补家用。"就这样，苏雨去了房地产公司，负责销售一手房。因为蕙质兰心，也能够为客户着想，苏雨的销售业绩非常好，始终在公司里名列前茅。在马玉还是小小的律师助理时，苏雨就已经月薪过万了。

很快，苏雨和马玉一起攒了一笔钱，付了首付，在大城市里有了自己的家。几年之后，随着马玉的收入越来越稳定，苏雨也正好怀孕，就辞职回到家里当起了全职太太。从职业女性到全职太太，苏雨适应得很好，但是马玉却随着名气渐长，身边簇拥了很多年轻漂亮的女孩。渐渐地，他忘记了苏雨当初是如何努力工作，作为他的坚强后盾的，而与新来的助理林林眉来眼去。

在林林眼中，像马玉这样的成功男士是神一样的存在，她看马玉的眼神都充满了敬意和崇拜。马玉回到家里再看看忙碌的苏雨，总觉得看不顺眼。最终，在林林的强烈攻势下，马玉缴械投降，成了所谓爱情的俘虏。得到马玉之后，林林曾经信誓旦旦地说不会影响马玉的家庭，如今都不作数了。她整日催着马玉离婚，律师事务所里也因为她故意表现出与马玉的暧昧，充满了流言蜚语。最终，苏雨知道了这件事，果断选择了离婚，独自一人带着孩子生活。而作为过错方的马玉净身出户，最终也被林林抛弃，一夜之间变得一无所有。

原本，马玉对于生活感到非常满足，他深知苏雨一直以来为家庭付出了很多。遗憾的是，很多人对于自己所拥有的都不懂得珍惜，总是奢望得到更多。总有些男人希望过上“家里红旗不倒，外面彩旗飘飘”的生活，最终让自己陷入被动，再也没有机会挽回。

对男人而言，出轨就意味着受夹板气的开始，也意味着人生从此进入进退两难的境地，最终很有可能三败俱伤。所以聪明的男人从来不会轻易惹祸上身，他们很清楚欲望是魔鬼，会把他们拖入无底深渊。

既然意识到欲望的邪恶，我们就要在被欲望征服之前，努力主宰欲望。任何时候，都不要让心变得贪婪，只有握在手里的幸福，才是真正属于我们的幸福。哪怕生活并不富裕，也不高贵，但是正如古人所说“知足常乐”，只要你把欲望控制在合理的范围内，那么你就能够成为欲望的主宰，驾驭欲望，成就人生，让每一个心安的日子都成为生命中最美好的历程。

如何做才能知足呢？

1. 练习感恩

每天花时间思考并记录下你感激的事物，无论是家人的微笑、美味的食物，还是温暖的阳光。这种习惯可以帮助我们专注于生活中积极的方面，减少想拥有更多的心理。

2. 限制物质欲望

确定生活中真正重要的东西，并限制对物质欲望的追求。通过简化生活，我们可以更容易地感受到满足，而不是被无休止的消费欲望所困扰。

3. 追求内心的平静

不要过分追求外在的成功或物质财富。内心的平静和满足感来自对自己的接纳和内心的成长。尝试培养一种平和的心态，不被外界的变化所左右。

通过这些方法，我们可以培养一种内在的满足感，这种感觉不依赖于外部条件，而是来自对现有生活的深刻欣赏和接受。知足常乐不仅是一种生活态度，也是一种智慧，它教会我们如何在瞬息万变的世界中找到持久的幸福。

人生并不复杂，我们可以活得简单点

人生是公平的，你要活得随意些，你就只能活得平凡些；你要活得辉煌些，你就只能活得痛苦些；你要活得长久些，你就只能活得简单些。

人世间的关系根本没有那么复杂，很多的焦虑只是因为有了虚荣和利益，才出现了后面的你争我抢、钩心斗角；纷繁的尘世其实也很简单，由于每个人都想要太多才有了恩恩怨怨、聚散离合。

让生活简单些，在喧嚣的社会中体验一种简单的生活，不是更好吗？不用再钩心斗角，不用再逢迎讨好别人，不用整天做一些违心的事、说一些违心的话，能随心所欲地生活，不是人生最大的乐事吗？

有一个女孩叫杜晓，在一家互联网公司上班，今年29岁，也到了谈婚论嫁的年龄。在一次与朋友的聚会中，她认识了一位单身男士谭林。谭林对杜晓一见钟情，交往了一段时间后便表达了自己对杜晓的好感。谭林是一家服装公司的经理，年薪30万元左右，有房有车，条件相对来说已经非常不错了。

杜晓的好朋友见谭林对杜晓有好感，两人也比较般配，就劝杜晓说："晓晓，你都快30岁了，别再磨叽了，谭林这个人人品不错，条件又好，打着灯笼都难找，他对你又挺喜欢的，差不多就得了，相处一段时间就结婚吧！"

可杜晓觉得，一方面，谭林虽然说喜欢自己，愿意和自己白头偕老，但她认为还是爱自己不够深，需要再考察考察；另一方面，杜晓觉得可能会遇到更好的，所以想再等等。终于，有一次情人节，谭林为杜晓买了一大把玫瑰，还给她买了一套高档护肤品，杜晓这才觉得谭林是爱自己的，但她又想，谭林表达爱的方式还不够浪漫，她要等待谭林浪漫的求爱仪式。就这样，杜晓在犹豫、挣扎、彷徨着，同时也期待着谭林更多的爱。

谭林在向杜晓表达了自己的爱意后，杜晓一直没有答应，谭林想可能是杜晓不喜欢自己吧。毕竟自己也30多岁了，不能再拖下去了。于是，在一次父母安排的相亲中，谭林和另一位女孩走在了一起并很快结了婚，而且生活得非常幸福。

几年之后，杜晓已经30多岁了，但仍然没有结婚，在与好朋友的一次谈心中，她抱头痛哭，在数尽谭林的种种不是后，她悔断肠，后悔不已……

生活可以很简单，简简单单的生活何尝不是一种幸福。杜晓和谭林的爱情惨淡收场，主要是因为她把生活看得太复杂，她对生活过于挑剔。如果她当时懂得珍惜，懂得满足，少一点苛求，那么，杜晓就可以与谭林幸福地生活下去了。

摆脱焦虑的困扰，学会让生活简单化的建议：

1. 不要总有羡慕嫉妒恨的心理

别人有花不完的钱，别人有优秀又体贴的丈夫，别人的妻子温柔贤惠，别人的汽车高端有档次，别人浑身都是名牌……为什么别人的总是好的呢？世界上那么多的别人，那么多别人的好东西，你都可以占有吗？何必怀着羡慕嫉妒恨的心理去看待这一切呢？

2. 选择自己喜欢的生活方式

“复杂”的反义词是“简单”，简单的生活就是抛弃眼前纷繁复杂的一切，去做自己喜欢的事情。最终，不管选择哪种生活方式，我们都能拥有属于自己单纯的空间，选择自己喜欢的生活方式会让我们感受到心神轻松，充分享受和发现生活中的美丽与魅力。

3. 充分认识简单的意义

想要过好简单的生活，这件事情一点都不简单。我们说得简单，并非家徒四壁或是佛门中的四大皆空，而是不要被物质所裹挟，做到随心所欲、潇洒自如。这是一种很积极的心态，任何事情都能以这种心态来对待的话，就不会有那么多的不如意，也不会有那么多的烦恼了。这就是简单的艺术，这就是简单的生活。

第八章

在梦想的路上你自带光芒，何惧前路的黑暗

你不一定非要长成玫瑰，
你乐意的话做茉莉，
做雏菊，做无名小花，
做千千万万。

那些看似波澜不惊的日复一日，
会在将来的某一天，
让你看到坚持的意义。

于高山之巅，方见大河奔涌；
于群峰之上，更觉长风浩存。

每个人都要有梦想。若一个人没有梦想，那他的人生就只是活着。人生在世，谁都喜欢安逸的人生，谁都喜欢吃喝玩乐，在舒服中度过每一天。这样的“安逸”还有另一个名字——颓废。我们要学会与这种“安逸”对抗，不能让它腐蚀了我们对梦想的热爱与追求。

焦虑感，来自没有梦想的人生

永葆少年气，是历尽千帆，也是乐观淡然，是笑对生活的豁达，也是举重若轻的沉淀。

一代文豪雨果曾说过：“生命好比旅行，梦想是旅行的指南针，失去了方向，只好停止前进，精力也就枯竭了。”有了梦想，生命才有前进的方向，如果没有方向，生命的钟实际上就已经停止摆动，剩下的只是躯壳等待垂老的过程罢了。

很多人的焦虑感，都是源自人生没有梦想，看不到前进的方向。一个人若是没有梦想，只是为了活着而活着，他的一生不过是等待死的过程而已。这样的人是可悲的，他在现实中沉湎，安于平淡，庸庸碌碌地过一生，到头来他的一生将会充满遗憾，却又无可奈何。

没有梦想的人生只不过是把现在的死亡待到老时埋葬。拿破仑曾说过：“一个不想当将军的士兵，不是好士兵。”世界上没有天生的将军，每一个将军都是从士兵开始的，他们如果没有做将军的梦想，随着年龄的增长，也只不过是从新兵变成老兵，再退役，回家终老罢了。同样，一个没有梦想的学生，他从来没有想过为什么而读书，永远是为了读书而读书，即使他勤奋刻苦，得到的也是一张没有温度的成绩单而已，一旦走出学校，没有考试的督促，便再也没有了前进的动力；一个没有梦想的职员，只不过是为了生计而工作，永远只能停留在原地，为生存而奔波，也不可能享受到人生的另一种高度。

在一个遥远的国度，有一个年轻人。他的生活平平无奇，每天重复着相同的工作和生活节奏。他总是感到一种难以言说的空虚和焦虑，因为他意识到自己没有真正的梦想和目标。一天，他遇到了一位智者，这位智者告诉他，每个人的心中都有一片属于自己的天地，只有找到它，才能找到真正的快乐和满足。

智者的话深深触动了他，他决定离开舒适的生活，踏上寻梦之旅。他跨过高山，穿越沙漠，历经艰难困苦，途中遇到了各种各样的人，有的给了他鼓励，有的给了他启示。在旅途中，他逐渐发现，梦想并不是一个具体的目标，而是一种内心的驱动力，是对生活的热爱和对未知的探索。

经过长时间的旅行，这个年轻人终于找到了自己的梦想。他想要成为一名画家，用画笔记录下他眼中的世界和心中的情感。他开始努力学习绘画技巧，虽然过程充满挑战，但他从未放弃。最终，他的画作受到了人们的认可和赞赏，他也找到了内心的平静和满足。

这个故事告诉我们，每个人都可能会在某个时刻感到迷茫和焦虑，但重要的是勇敢地迈出寻找自我和梦想的第一步。梦想可能并不遥远，它就隐藏在我们的日常生活中，等待着我们去发现和追寻。年轻人的故事鼓励着每一个人，不要害怕追求自己的梦想，因为那是通往幸福和满足的道路。

梦想的最大意义：

1. 梦想是前进的动力

没有梦想就会让人停滞不前。那些每天都精力充沛的人，正是因为知道自己想要什么、该做什么，才会积极地面对生活。他们用梦想来鞭策自己，让自己的每一天都活得充实而快乐。即使会被短暂的失败击倒，但痛过之后还是会勇敢地站起来，继续向着梦想出发。

2. 梦想让我们活得更清晰

有了梦想，我们便知道自己该做什么，不该做什么；先做什么，后做什么。清楚事情的轻重缓急，生活才不会焦虑，才能有条不紊地进行，这样的生活才会更加轻松。而那些没有梦想的人，很容易为了生活中的一些琐事而心生焦虑感，他们常常会觉得生活像一团理不清的乱麻，“剪不断，理还乱”，从而在不知不觉中成了琐事的奴隶。

生活中没有理想的人是可怜的，人活着如果没有梦想的鼓舞，就会变得空虚而焦虑。人生很短暂，只有梦想才能撑起生命的绚烂。

我们唯有努力奔跑，才能与人生中最美的际遇相逢

纵使眼前迷雾蒙蒙，我仍相信会有美丽的风景。

莫扎特说过：“梦想是前进的动力，行动是实现梦想的方式。”这句话激励着我们不断前行，即使在困难和挑战面前也不放弃，因为只有行动，梦想才能生根发芽。

如果天空中突然下起雨，你是选择马上朝着前面跑去，还是选择依然保持现在的步速，不愿意多花费一点力气尝试一下能否找到避雨的地方，或者提前到达目的地？当然，如果你就是想淋雨，想在细雨中漫步，想在狂风暴雨中冲刷自己，这是无可厚非的。但是如果你仅仅是觉得奔跑没有意义，那么你要想一想，你的人生态度是积极乐观，还是消极悲观？

的确，前面也在下雨，哪怕跑到前面一段，也还是在雨里。但是人生总有目的地，也会有避雨的地方，在雨中唯有看到希望的人，才会奔跑。

从心理的角度而言，大多数慢吞吞往前走的人，或者是真淡然，或者是真消极。每个人都期望着人生与众不同，我们唯有努力奔跑，才能与人生中最美的际遇相逢，而多数人的焦虑的来源，就是既希望与众不同，又不愿努力奔跑。想摆脱这种焦虑感，就不要原地踏步，更不要放弃努力，只要你愿意，你可以掌控命运、摆脱焦虑、改变人生。

很久以前，有个年轻人特别喜欢写作。从年少时，他就以稚嫩的笔

写些不成熟的文章，直到渐渐长大，他的文字也越来越成熟，但是每次投稿依然是相同的结果——被退稿。但是，年轻人依然笔耕不辍，从未放弃过对文字的喜爱。

十几年来，年轻人只要写出新的作品，就会给出版社投稿。渐渐地，出版社编辑都认识他的字迹了。有一天，年轻人再次收到出版社的退稿，只不过这次与往常不同，编辑在退稿里附了一封信，信里说：“这么多年来，很佩服你坚持写作的毅力，不过你的稿件距离出版的确还有一段距离，我却惊喜地发现你的字越来越漂亮，而且独具一格，可否考虑向书法的方向发展呢？”编辑的一番话让年轻人茅塞顿开，他开始练习书法，一发而不可收，果然取得了非常好的成绩。后来，他水到渠成地成为著名的书法家。

一直以来的努力，没有使年轻人如愿以偿成为作家，但是在书法上的发展，使他成为一名书法家，虽然是无心插柳，但是成为书法家也并不影响年轻人继续写作，倒也是一个意外收获。

通常情况下，人们总是预先设定自己要达到怎样的目的，却不知道成功没有捷径，数量的积累也未必一定能够换取质的飞跃。诸如有人问，读多少书才能成为一位作家？写多少字，才能成为流芳千古的书法家？相信莫言一定不知道自己读了多少书才写出能够获得诺贝尔文学奖的作品，王羲之也不知道自己写了多少字才把家附近的池水染成黑色的，成为墨池。

努力与成功之间并没有明确的界限，很多事情最好的状态是水到渠成，而不是苦苦追求。因而有人说，你只管努力，命运自有安排。是啊，当你的努力到达一定的程度，当你的人生走到最合适的契机，你总能获得成功，只是没有人知道这个成功的时刻何时出现。

给追逐梦想的人一些建议：

1. 明确目标

首先，我们需要明确自己的梦想和目标。这可以是职业、学业、健康、人际关系等方面。将目标写下来，制订具体的计划，然后一步步朝着目标前进。

2. 持之以恒

梦想的实现不是一蹴而就的，需要持续的努力。每天都要保持动力，即使遇到挫折也不要放弃。坚持不懈地追求，就能逐渐接近梦想。

3. 积极学习和成长

不断学习和提升自己是实现梦想的关键。阅读、培训、交流经验，不断积累知识和技能。同时，也要保持开放的心态，接受新的观点和改变。

幻想≠梦想，两者有本质区别

如果命运是世上最烂的编剧，你就要去争取，做你自己人生最好的演员。

古龙曾写过一段话："梦想绝不是梦，两者之间的差别通常都有一段非常值得人们深思的距离。"这句名言提醒我们，虽然幻想可以给我们带来短暂的快乐，但只有将梦想转化为具体的目标和行动，我们才能够实现自己的梦想。

很多时候，有些人觉得自己有一个很神圣的梦想，但当他兴致勃勃地将自己的梦想分享给别人时，大家却摇摇头告诉他："不要总是沉浸在幻想中，醒醒吧！"那么究竟什么是梦想？什么又是幻想呢？它们之间应该怎么区分呢？

梦想是人类最无邪最天真的愿望，也是人类渴求美好事物和憧憬的本能。它是一种追求，也是推动自己向前的动力。虽然梦想与现实之间存在差距，但只要肯努力，梦想是有机会实现的。而幻想则是指违背客观规律的、荒谬的想法或希望，是不可能实现的。人在产生幻想之后，通常会脱离实际，想入非非，每天做着不切实际的白日梦，通过沉浸在这种虚构的美好梦想中满足自己，或者想要通过置身于幻想世界来逃避现实。

显然，梦想与幻想是有着本质上的区别的。梦想通常与理想挂钩，它是一种既理性又浪漫的追求，它有实现的价值和可能；而幻想则不同，它虽然美好，但完全没有实现的可能，大多数的焦虑感就是幻想太多所致。

如果人通过逃避现实的方式，把幻想当成梦想对待，长此以往，只会让自己更加颓靡，美好的幻想一旦被残酷的现实打破，人就会陷入无限的焦虑和痛苦中，无法自拔。

“我希望明天买一张去上海的火车票，然后按照计划，像安安一样生活。”刚读高一的小艺在日记本里写下这样一段话。安安是谁呢？那只不过是一本编撰的小说里的人物。

为了这个“幻想的天堂”，小艺离开家，从山东到了上海，一心想要变成小说中的“安安”。到了上海之后，小艺发现自己完全处于陌生的环境，孤立无援，当现实的残酷向她袭来时，她害怕极了，便蹲在大街上痛哭起来。原来，这一切远没有想象中的那么美好，幻想在现实的冲击下显得那么可悲可笑。

小艺从初中起就很喜欢看青春小说，有时候还常常把自己想象成小说中的女主角，跟着她哭，跟着她笑。

这一次，她之所以要去上海，正是因为她最近正在看的小说里的主角安安是一个美丽的上海富家女。现实生活中的小艺只不过是一个平凡得不能再平凡的女孩，可是她常常幻想自己能变成安安，时间久了，她便有了自己就是安安的幻觉。她常常用安安这个名字在学校的校刊上发表文章；衣着打扮、鞋子的尺码，也全都换成了安安的习惯。即便如此，小艺觉得自己还没有完全成为安安，于是她便有了离家出走奔赴安安所在地的想法。

很多时候，我们也像小艺一样沉浸在奇妙的幻想中。幻想自己是落难人间的天使，是受巫婆诅咒的王子，相信总有一天魔咒会解除，自己会从平凡中脱颖而出；有时候还幻想一张彩票可以改变我们的一生，虔心期待着财富会自己跑到我们的手上。但这些幻想只会让我们越来越脱离现实，让灵魂飘浮在虚无中。即便曾经有过理想，付出过努力，也终究会被这些不切实际的幻想吞并，从而跌进虚幻的旋涡中，焦虑不安。

该如何做，才能摒弃掉不切实际的幻想呢？

1. 面对现实

正视现实，不回避问题。有时候，我们会沉浸在幻想中，逃避现实的挑战。要勇敢地面对现实，接受其中的不完美和困难。

2. 理性思考

幻想常常是情感的产物，而理性思考则是客观的分析。在做决策时，用理性的眼光审视，不要被幻想蒙蔽。

3. 设定实际目标

将幻想转化为实际目标。明确你想要的，然后制订可行的计划。逐步迈向目标，而不是停留在幻想中。

当梦想照进现实，心里阴霾就会随风飘散

在心里种花，人生才不会荒芜，生活不会亏待任何一个心中有光、全力奔跑的人。

苏格拉底有句名言：“世界上最快乐的事，莫过于为了理想而奋斗。”梦想是心灵的灯塔，指引我们前行的方向，即使道路坎坷，也要坚持走下去。

现实总会有些不尽如人意的地方，但这些又是平等的，面对那些你渴望但是又没有得到的东西，你就会心生斗志，你就会为了这种种不满，进而为自己的梦想奋斗，使之成为现实。

梦想的力量是强大的，它可以让一个人忘记自我，忘记自己拥有的一切东西，摒弃自己生活中与梦想冲突的所有事情。

通常这种热切的追逐只有两个结果：一是通过自己坚持不懈的努力，终于实现了自己的梦想，对自己来说，这就是人世间最美妙的事情。二是到最后终于被现实压抑得喘不过气，变得焦虑不安，四处碰壁直到头破血流，最后梦想也未能实现，人生却进入低谷。

时常听到周遭的朋友问：“我们到底是在为自己的梦想而打拼，还是为了现实生活在被动地继续？”

当梦想照进现实，心里那些过往的阴霾就会随风飘散。

心里有一个和现实融合在一起的梦想，这个梦想就有了生命。

李明读书的时候一直都是很勤奋的学生，也深得老师的喜欢，他为自己设定以后拼搏的目标是当一名医生，而且他也正在为此而不断努力。老师们都认为天道酬勤，像他这样的人一定很有出息。

有一天，李明在看电视的时候看到功夫巨星李小龙的电影，顿时就被里面那种男人气概吸引了，他觉得这才是真实的中国功夫，一个男人的魅力被发挥得淋漓尽致，一代巨星给李明留下了不可磨灭的印象，躺在床上的李明心里久久不能平静，那武打电影里的一招一式都让他无比着迷。

他像是着了魔一样开始收集所有关于李小龙的资料，每天忙碌着去小店买所有关于李小龙的海报，贴满自己的整个房间，他彻底地成了追星族中的一员。以前去图书馆研究医学的时间也用在了查阅李小龙的资料上。老师发现了他问题的严重性，心急火燎地找到李明，眼看着这个有大好前途的孩子就要迷失方向了，说道："每个人都有自己的梦想，但是这个梦想一定要切实地从自身情况出发，你有着医学方面的天赋，而且你以前也为此付出了很多努力，现在眼看快要成功了，不应该放弃。"李明踌躇地说道："我只是将很少的一部分时间用来追星，我没有放弃过自己的梦想。"老师摇摇头："不要忘记那个猴子摘玉米的故事，得不偿失。"

李明回到宿舍思来想去，看着房间里贴满的李小龙的海报，忽然觉得李小龙和他的距离是那么远，自己当时凭着一腔热血，浪费了宝贵的时间去搜集这些毫无意义的海报，想着那时自己为了实现当医生的梦想，夜以继日地看书做题,难道自己要为了现在这个遥远的武打梦而放弃吗?

后来，李明决定将这些东西都暂时压入箱底，因为人的梦想如果和现实背离，只会失败，不能因为一时的热情而迷失了方向，放弃了自己曾苦苦努力的一切。也正是理性拯救了他，后来李明成了一名享誉国内外的外科专家。

世人都说不能轻易放弃自己的梦想，没有梦想就如同生活的傀儡，就没有了生存的意义。但是在追求梦想的时候，我们需要用理性的思维去思考自己这个梦想有没有实现的可能，在现实生活中能不能站稳脚。

常常有人说梦想是人生的风向标，若是丢失了，那人生就会失去方向，从而迷路。但是梦想不能失去理智，只有这样，你执着的追求才能符合实际，这样的梦想才有可能通过你自身的努力得以实现。

给追梦者一些建议：

1. 设定清晰的目标

明确你的梦想具体是什么，设定可实现的短期和长期目标。这些目标应该是具体、可衡量、可达成、相关性强和有时限性的。例如，如果你梦想成为一名作家，你可以设定每天写 500 字的短期目标，以及在一年内完成一部作品初稿的长期目标。

2. 制订行动计划

一旦目标设定好，接下来就需要一个具体的行动计划来实现这些目标。计划应包括每一步的具体行动、所需资源，以及可能遇到的挑战和解决方案。继续上面的例子，你的行动计划可能包括研究写作技巧、参加写作研讨会、每天固定时间写作等。

3. 坚持不懈和适应变化

在追逐梦想的过程中，你可能会遇到挫折和失败。重要的是要保持坚韧不拔的精神，从失败中学习，并根据情况调整你的目标和计划。如果你发现原先的写作风格不受欢迎，不妨尝试改变题材或者写作方法。

追梦之路不会一帆风顺，但只要你有清晰的目标、周密的计划和坚定的决心，就能够一步步接近梦想。记住，每个成功的故事背后都有无数次的尝试和失败，不要害怕迈出第一步，也不要因为困难而放弃。坚持下去，你的梦想终将实现。

以实现更高梦想为起点，再次出发

追求的后面没有句号，人生也永远没有太晚的开始，只要你听从内心的召唤，勇于迈出第一步，人生的风景就永远是新奇的、美妙的。

爱因斯坦曾说过:“每个人都有一定的理想，这种理想决定着他的努力和判断的方向。”这说明理想不仅是梦想的延伸，也是我们行动的指南。

很多人在追求梦想时，意气风发，冲劲十足，他们为了梦想而拼搏、坚持、勇敢，在一次次的挫折与失败面前从不低头，于是他们如愿实现了心中的梦想。可是，当梦想实现之后，他们却变得焦虑不安、无所适从了。

就像登山一样，花尽了所有的力气到达了顶点，看到了雄伟壮丽的风景，可是在喜悦与狂欢过后，却恍然间不知道接下来该做什么。是啊！已经到达了最顶峰，再也没有更高的山峰可以攀爬了，是不是这时候就可以休息了呢？是不是人生从此就停在了这个高度呢？

当然不是，人生就像逆水行舟，只要停止划桨，船就会后退，船不会因为你停止给它动力就停在原地，它会在水的“捣蛋”下越退越远，就连之前所做的努力也全部白费。所以，为了不让人生这艘船被水驱使，我们就必须永不停歇地摆动双桨，不断追求、不断向前。

姚明是中国历史上最成功的篮球运动员。在14岁的时候，姚明就进入上海青年队，17岁的时候就进入国青队，第二年成功进入了国家队。

在2001年姚明不仅让中国国家队赢得了亚洲男篮锦标赛冠军，更是在第二年使上海队历史性地夺得了CBA总冠军。之后，他参加了NBA的选秀，成为首位状元签进入NBA的亚洲球员。

在姚明征战NBA的8个赛季里，他取得了无数辉煌的成绩。8次入选全明星，5次帮助球队闯入季后赛。在当时，姚明算得上是世界第一中锋，在中国乃至世界都是最受欢迎的球员。在2016年，姚明更成了NBA名人堂成员，成为首位入选名人堂的华裔球员。可以说，姚明的篮球生涯充满了无数的传奇。

在姚明退役后，按理说他可以安享自己的“退休”生活了。这些年的篮球生涯不仅为姚明带来了无数的荣誉，更带来了丰富的资产。后半生的姚明，本无须再操劳任何事情。但姚明却不这样认为，他的梦想还没有结束。他觉得，他有必要为中国的篮球事业继续奉献自己。

姚明先是购买了上海大鲨鱼篮球队，带领球队在CBA的赛场上也取得了辉煌的成绩。然后，姚明在2016年出任了CBA联盟副董事长，帮助中国的篮球联赛迈向更加职业化的道路。在2017年2月，姚明当选了中国篮协主席，成为了中国篮球的“总指挥”。在姚明成为篮协主席后，实行了一系列创新的改革，不仅建立了更多篮球基础设施，而且让中国篮球联赛更加与国际接轨。相信中国篮球在姚明的带领下，会走向更高、走得更远。

人的一生就是不断追求新高的过程，梦想并不是人生的最高点，更不是生命的终点，它只是人生前进的灯塔，照耀着你一路向前奔跑。实现梦想后的下一步不是停滞，不是观望，更不是颓靡，而是整装待发，向着更高更远的地方前进，直至生命的最后一刻。

一个安于现状、不思进取的人，他生活的绿洲就会被无情的沙漠一点点地吞并，直至荒凉一片；一个懒于另创新高的人，就像一支枯竭的蜡烛，即使曾经闪耀过，但最终也在黑暗中冷却成一摊无用的蜡油；而一个敢于挑战自己、攀爬新高度的人，就如同那执着的爬山虎，墙有多高有多宽，就爬多高爬多远，直到枯萎、凋败。我们每个人都应该像爬山虎一样，在生命运动的每一刻都不断攀爬新的高度。我们要有自己的人生追求，当实现了某个目标之后，应以此目标为新的起点，向着更高的目标攀登，走向另一次成功。

梦想实现后的一些建议：

1. 反思总结法

首先，回顾每一个实现的梦想，深入思考其对个人成长的意义。然后，将这些经验教训作为下一个梦想追求的基石，确保每一次追梦都是在不断进步和学习的过程中。

2. 连接总结法

将已实现的梦想与新的梦想建立联系。识别两者之间的共通点和差异，以此来制定更加精准的目标和计划。这种方法有助于保持动力和方向，确保梦想追求的连贯性和长期性。

3. 创新总结法

每次梦想实现后，尝试寻找全新的领域或挑战。不拘泥于已有的成就，而是勇于探索未知，将梦想的实现视为一个不断创新和探索的旅程。这样可以确保每个梦想都充满新鲜感和挑战性。